汚部屋専門
整理収納アドバイザー
三吉まゆみ

ずぼらな私にもできる

汚部屋脱出トレーニング

＼モノ減らし／

納得して
手放せて、
リバウンドしない

主婦の友社

「片づけたいけど時間がない」

「ものがありすぎて収納しきれない」

「大事なものまで捨てるなんてできません」

「これはとりあえずとっておきます」

「片づけても元に戻っちゃう」

「結局、片づけられない性格なんです……」

全部、汚部屋さんにありがちな言葉です。

わかります。
私もずっとそう思っていたから。
ずっとそう言って逃げてきたから。

START! NEW SIMPLE LIFE

でも、
時間がなくても、ものがあふれていても、
片づけはできるんです。
大事なものまで捨てる必要なんてないし
性格を無理やり変えなくても
理想の暮らしは手に入ります。

これは本当です。
だって私がそうだったから。

これは汚部屋出身の私だから編み出せた
日本で一番やさしい
お片づけの本です。

汚部屋出身、ずぼらで面倒くさがり
そんな私がとことん考えた
「片づけ思考術」

「すみません、こんなに汚い部屋で」「もうちょっと片づけようと思ったんですけど」

整理収納アドバイザーとして訪れたご家庭で、よく言われるのはこんな言葉です。

いえいえ、私は片づけのお手伝いに来たんですよ。

きれいな部屋だったら、私なんて必要ないじゃないですか！

そう言っても、みなさん「情けない」「恥ずかしい」という表情のまま、張りついた笑顔を浮かべます。その気持ち、とてもよくわかります。私も汚部屋出身だから。

部屋が汚いって、苦しいことです。散らかっているとイライラします。意を決して大掃除を始めても、たいしてきれいにはならないし、すぐに元に戻ります。毎日片づける、毎日掃除をする、そんなの自分にはできっこないとますます落ち込みます。

でも、言わせてください。そんなことありません。片づいた部屋は必ず手に入ります。

三吉まゆみの汚部屋脱出 History

汚部屋時代（実家暮らし）

散らかった部屋を「普通」と思って暮らしていた

足の踏み場もない

机は物置き……

左の写真は実家にある元・私の部屋の様子。住んでいた頃もこの写真とほとんど同じでした。もうぐちゃぐちゃ。

ダサ部屋時代（新婚）

汚部屋ではないが、全体的にごちゃごちゃ感あり

リビングは雑然

押し入れ詰め込みすぎ

なんとかおしゃれにしたい気持ちはあるものの、何をどうしていいかわからなかった時代。テーブルの上もソファの上もものがいっぱい。

足し算インテリア時代

DIY熱炸裂！生活感を隠すことに必死

DIYでカフェ風に

全部つくりました！

でも見えない部屋は……

2軒目の家でDIYにハマります。生活感を隠し、カフェみたいな家をめざしたものの、隠れたところは散らかりまくり……。

1LDKの賃貸アパートで「引き算インテリア」

そして いま……

これがいまのわが家です。私たち２人に必要なものだけに囲まれて、すっきり気持ちよく暮らしています。

ものが片づく工夫が随所にほどこされています。いるだけで落ち着く大好きな場所です。

狭い玄関には極力ものを置かず、掛ける収納を中心に。忘れ物、失くし物をしない工夫も随所に取り入れています。

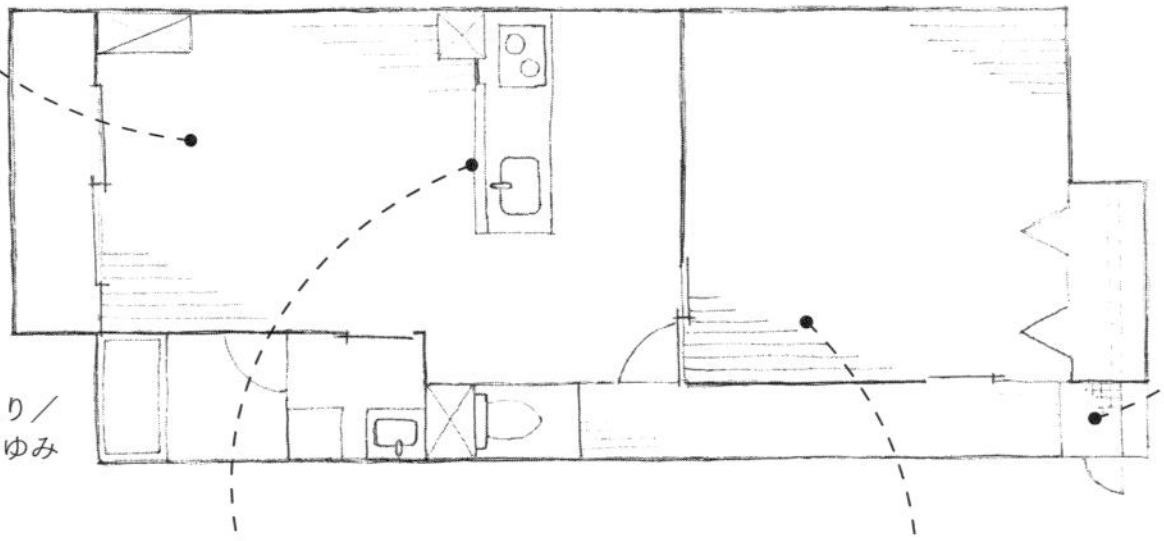

間取り／三吉まゆみ

使いやすさを考えて調理道具や食器を配置。カラーボックスで作った手作り食器棚だから圧迫感もありません。

白とオレンジ色の壁の明るさを最大限に生かすシンプルインテリア。万が一地震があっても、この部屋なら安心。

43㎡に2人暮らし。でも、狭いと感じたことは一度もありません

紆余曲折を経て、いま私は自分にとっての「理想の部屋」に住んでいます。

けっして広い部屋ではないけれど、狭いと感じたことは一度もありません。ものは少ないけれど、不便なほどではないし、殺風景でもありません。ここで夫と他愛もない話をしながらお茶を飲んでいるときが、一番私らしくいられる時間です。こんなゆとりが手に入るなんて、昔なら想像すらできませんでした。

どうすれば自分らしい部屋に住むことができるのか、私なりの答えがこの本にあります。基礎知識編では、私がとことん考え抜いた「片づけ」のステップを解説します。実践編では、4例の片づけをレポートしています。

片づけは一生続くもの。自分のペースでのんびりと、できれば楽しみながら片づけられるといいですね。そのコツをぎゅっと詰め込みました。この本を読みながら「私にもきっとできる」と思っていただけたら、こんなにうれしいことはありません。

2021年3月　三吉まゆみ

CONTENTS

STEP 2

収納以前のデトックスワーク

STEP 3

インテリア以前の収納ワーク

そもそも片づけって何？

知っておきたい 4つのSTEP

STEP 1

現実を知る

片づける前に考える 散らかる仕組み

部屋が散らかる過程も、その理由も、一人ひとり違います。そしてどんな部屋にしたいのかも違います。片づけを始める前に、わが家の「散らかる原因」を知り、どんな家にしたいのかを考えます。

STEP 2

整理（デトックス）

いるか・いらないか 自分軸で判断する

ものを捨てることが目的ではありません。「いる」「いらない」を自分の力で判断して、不要なものをデトックスすること。この判断なしに、汚部屋からの脱出はありえません。ここは一番大事です。

STEP 4

インテリア

自分らしい部屋、落ち着ける部屋に

インテリアというと「センスが問われる！」と思いがちですが、そんなことはありません。基本のルールさえ守れば、がんばらなくても部屋はおしゃれに見えるものです。その秘訣をお教えしましょう。

STEP 3

収納

使いやすい場所を考え抜いて収納する

収納場所や収納方法が悪いと、あっという間にリバウンドしてしまいます。勢いで収納したくなるのですが、心にブレーキをかけてじっくり考えること。

片づけは「順番」が大切です。
散らかる原因もわからないまま収納グッズを大量に買ったり、
不要なものがたくさんあるのに雑貨を飾ってごまかしたりしても、
あっという間にリバウンドしてしまいます。

＼ 大原則 ／

1

「片づけよう」と決めた直後にいきなり収納グッズを買わないで！

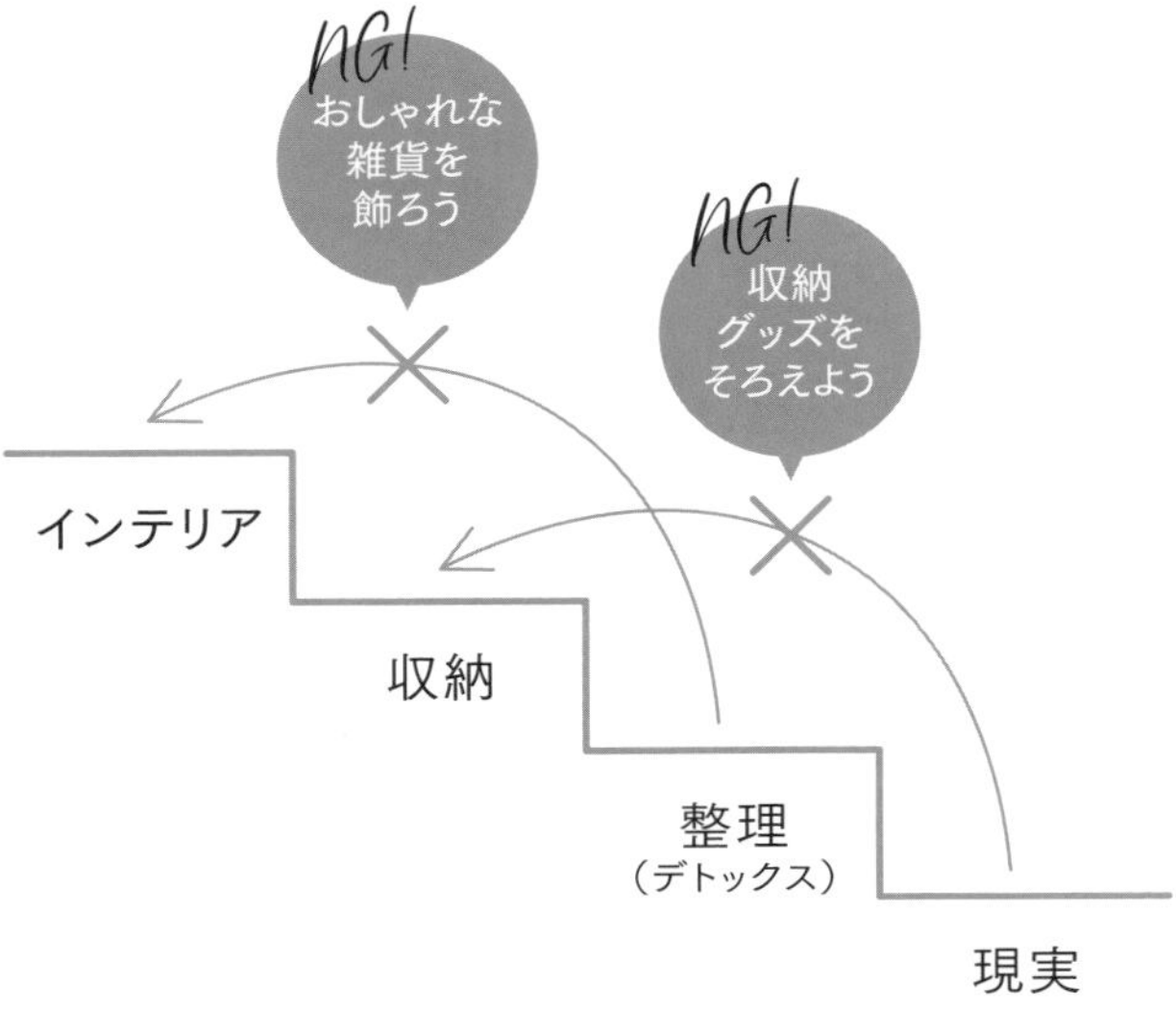

片づけようと思ったとき、ありがちな失敗があります。それが「まず収納グッズを買う」です。

汚部屋状態が続くのは、ものが部屋のあちこちに散乱しているからです。つまり、収納されていない。だから「ちゃんと収納しなくちゃ」と思って「SNSで評判のカゴやボックスや棚を買おうかな」と考える。

その気持ち、わかります。わかるのですが、ちょっと待って！　そもそも、その収納グッズを置くスペースがありますか？　収納グッズだって「もの」です。ものにあふれた部屋にまたものが増え、しかも何を収納するか決まっていません。そうすると収納グッズに合わせて、何を残すかを考えることにもなりかねません。

＼ 大原則 ／

2

まずは持ち物を選択すること。「いるもの」を残してから収納です

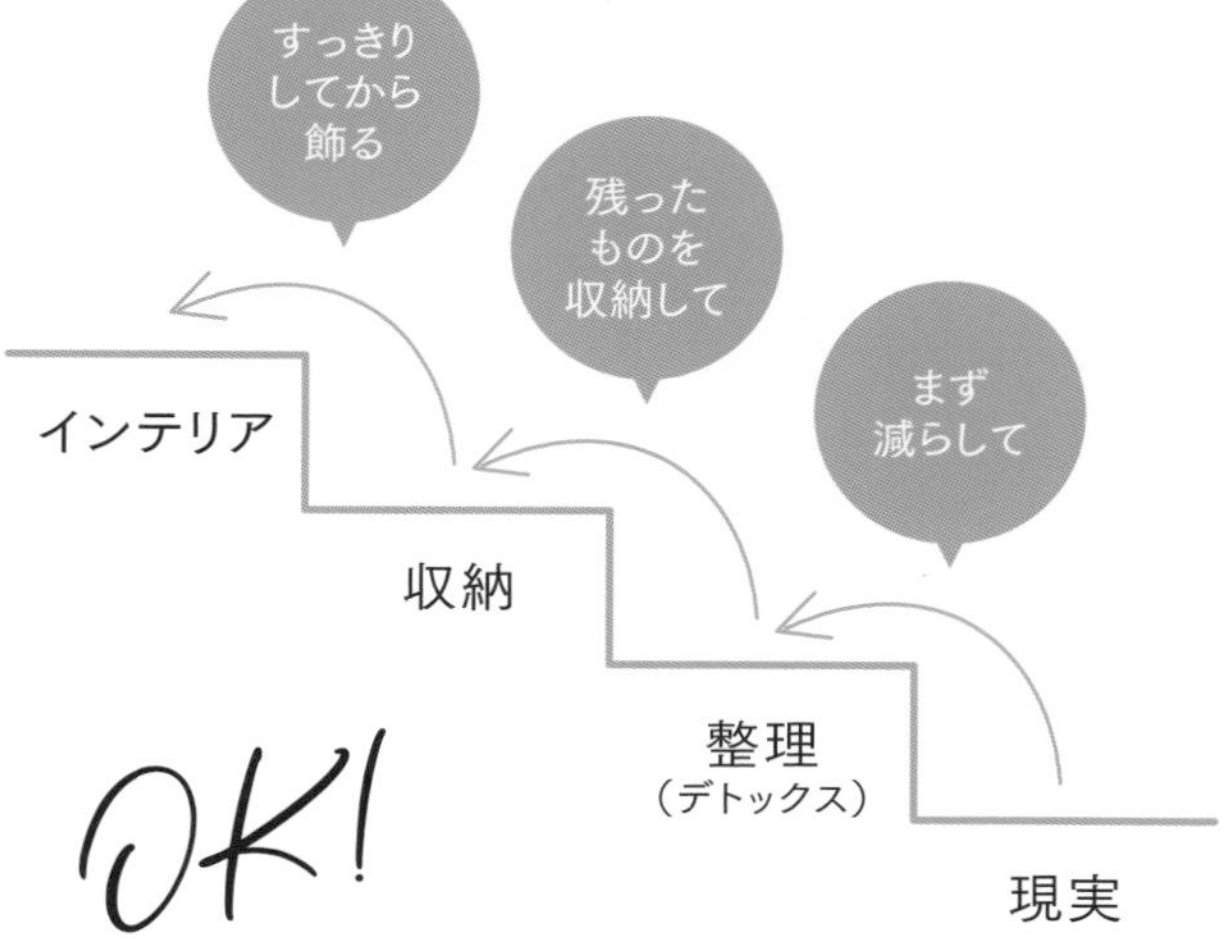

収納グッズを買うのは、ステップ3にたどりついてからです。片づけが苦手な汚部屋さんほど、この順番が混乱しがちです。

片づけは先に進むほど楽しいので、つい1段飛ばし、2段飛ばししたくなるのですが、それをやると……つまずいて転びます。転ぶと痛いので片づけがイヤになります。それはあまりにもったいないです。

やるべきことは順番に。これが鉄則です。

片づけを進めながら、「いま自分はどの段階なのかな？」と頭の中を整理して考えましょう。片づけ下手な汚部屋さんほど、このステップをしっかり守って片づけなくてはいけないのです。

＼ 大原則 ／

3

絶対に守ろう！ 片づけの超基本はこの流れ

「片づけ」という言葉をさらに細かく分けてみると、左のページのようになります。

まずは部屋中にあるたくさんのものを整理することです。数が多いと収納したものが使いにくくなり、使いたいときに本当に必要なものが見つかりません。ものの量を見直すためには「全部出す」「仕分けする」という作業が欠かせません。

収納するのは「クローゼット」「寝室」など、ある程度の範囲内の整理が終わってからです。収納場所を決め、収納するものの量を認識して、サイズをはかって、それから収納グッズを買いに行きます。収納グッズを買うのはここですよ。

すべてのものに住所が決まって、床やテーブルやキッチンカウンターに雑然と置かれているものがなくなってから、いよいよインテリアを考える段階に入るのです。

といっても、家中が片づくまでインテリアはあきらめて……ではありません。狭い範囲を少しずつ片づけていけば、部分的にも気持ちのいい空間ができていくはず。

具体的にどんなふうに進めるのかは、18ページから詳しくお伝えしますね！

片づけの大原則

整理（デトックス）

1 片づける範囲を決める
↓
2 全部出す
↓
3 仕分けする

三吉流 9つの分類

↓

収納

4 適切な収納場所を決める
↓
5 収納グッズを決める
↓
6 収納する

三吉流 思考整理術

↓

インテリア

7 全体のバランスを見直す
↓
8 室内を飾る
↓
リバウンドしない生活の維持

三吉流 ずぼらインテリア

三吉流 買い方を見直す

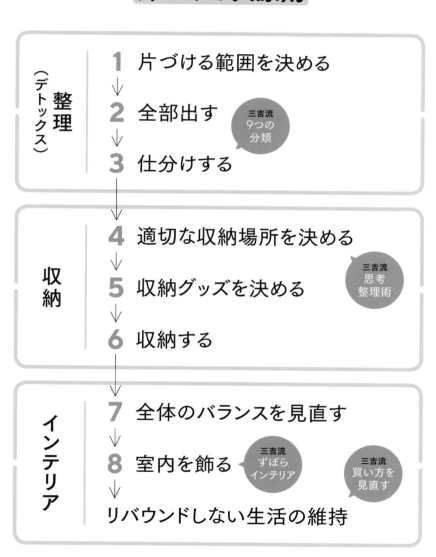

STEP 1

片づけ以前の現実を知るワーク

「散らかっている」という感じ方は人それぞれですが、
「汚部屋さん」にはだいたい似たような傾向があります。
それが左のチェックポイント。この本を手に取った人は、
かなり多くあてはまるのではないでしょうか。
まずは室内を客観的に見ることから始めましょう。

STEP 1
STEP 2
STEP 3
STEP 4

WORK・1

汚部屋さんあるあるチェック！

- □ バッグや脱いだ服が床やソファに置かれている。
- □ 食事の前にテーブルの上のものを寄せてスペースをつくる。
- □ 収納スペースの中は雪崩が起きないよう絶妙なバランス感覚で詰められている。
- □ ものの住所が決まっていない（むしろちょい置きが住所）。
- □ テーブルの上にお菓子の袋やペットボトルなどのゴミが放置されている。
- □ 冷蔵庫の奥のほうに何が入っているかわからない。
- □ あとまわしにする癖がある。
- □ 「少しずつ」ではなく「一気に」片づけようと思っている。
- □ 洗濯した服の山から着るのでいつも同じような服装。
- □ 休日こそ片づけようと思うけれど、家にいたくなくて出かけてしまう。
- □ 季節の雑貨が「年中無休」で出ている。
- □ どこに何があるのか自分でも把握できていない。
- □ 家の中に「開かずの間」「開かずの扉」がある。
- □ 来客の前日は徹夜で片づけ。
- □ 几帳面ではないから片づかないんだと思っている。

チェックが多ければ多いほど、あなたの汚部屋度は高い！

＼ 現実を知る ／

1

部屋が散らかる原因は「性格」ではなく「仕組み」

片づかない原因は何だと思いますか？　そう聞くと「私（や家族）が〇〇だから」と答える人が多いんです。〇〇は「だらしない」「面倒くさい」「意志が弱い」「時間がない」などさまざまですが、原因を「人」だと考える点が共通しています。でも、そうでしょうか？

問題は、人とものと収納場所がつくりあげる「仕組み」にあると私は考えています。人もまた、仕組みの一部にすぎません。左の図にあるように、多くの家庭ではこの3つが複合的にまざり合って汚部屋をつくりあげています。たとえば私の実家はこんな感じ。

もの　大量にまとめ買いをする。そのとき安いものをあれこれ買う。流行に敏感。

場所　住所不定のものが多い。床やテーブルの上が定位置。収納場所が不便。

人　父と弟は「母がやるだろう」と思って片づけない。母は仕事で忙しすぎる。

という感じで、いくつもの原因が複合しています。この3つの要素の中で、変えることが一番むずかしいのは？　そう、人です。人から変えようとするから失敗するのです。まずはものを変え、次に場所を変え、結果的に人も変わる。それが理想の「仕組み」です。

思考の整理ノート

※私は悩んだらノートにこんなふうに書き出しています。

STEP 1

疑問

“どうして散らかってしまうの？”

↓

原因は もの 場所 人 にあるのでは？

STEP 2

もの	場所	人
収納しきれない問題	ものの住所問題	あとまわし問題

STEP 3

もの
- 適正量以上に持っている
- 在庫数がわからず重複買い
- 目移りして新製品を買いがち

など

場所
- 住所不定、住所未定のものが多い
- 住所はあっても片づけにくい
- 家族が戻す場所を知らない

など

人
- 片づけるのが面倒くさい
- 忙しくて片づける時間と余裕がない
- こだわりが強い（詰め替えてからしまいたい！など）

など

STEP 4

すべてが影響しあっている

＼ 現実を知る ／

2

汚部屋の最大の問題は「風景」になって気づかないこと

左ページのの写真は、私の実家のリビングの棚です。ものがぎっしり詰まってごちゃごちゃですよね。でも……正直に言えば、実家に住んでいるときの私は、この棚を「使いにくい」とも「ごちゃごちゃしている」とも思っていませんでした。

奥のものを取るときには、手前のものをどかせばいい。使ったあとは、戻すのが面倒なので手前に置いておく。次に使うときにはそこから使えばいい。ときどき母が元の場所に片づけるけれど、次に使うときにはまた手前に置く……その繰り返しでどんどん散らかりました。にもかかわらずこの棚の状況も、散らかった部屋の中も、私にとっては当たり前の「風景」だったのです。

現実を知るうえで大切なのは、客観視です。たとえば部屋の中をスマホで撮影してみましょう。肉眼で見るより「うわ！　散らかっている！」と感じます。そして左ページの例にならって「なんでごちゃごちゃしているのかな」「なくていいものって何だろう」と考えてみてください。片づけが必要な状況だということがわかってきますよ。

STEP 1

STEP 2

STEP 3

STEP 4

WORK・2

まちがい探し

ここはリビングの収納棚です。

Q.この棚がごちゃごちゃに見える原因は？

Q.ここになくてもよさそうなものは？

答えはP114

＼ 現実を知る ／

3

片づかない人は片づけない言い訳を探している

それでも、重い腰を上げるのは大変ですよね。ものが散乱した床、衣類や寝具でぎゅうぎゅうのクローゼットを前に立ち尽くす気持ち、わかります。

片づけなきゃいけないことはわかっている……こんな部屋では人も呼べないし、地震が起きたらきっと大変なことになる。こうなる前になんとかすればよかったのに。でも、もう手遅れじゃないかな。時間もないし、忙しいし、子どもにも手がかかるし、とりあえずまた今度やろう。と先延ばししてしまうのです。こういう思考回路って病気のときに似ていませんか？　たとえば歯が痛いとき。歯医者に行ったほうがいいのはわかっているけれど、治療するのは怖いし、時間もないし、予約の電話をかけるのも面倒。もしかしたら手遅れで「抜歯しますよ」と言われるかもしれないし……。私たちってそうやって自分に言い訳をして、現実から逃げる思考が得意なのです。でもそれはよくないってこと、気づいていますよね。片づけは病気と違って「手遅れ」なんてことはありません。どんなに自分のキャパを超える状況でも、片づけることは絶対にできる。その方法を探していきましょう。

STEP 1

STEP 2

STEP 3

STEP 4

「言い訳」は「言い換え」できる！

ついつい頭に浮かぶ「できない」の言い訳を、前向きな言葉に
変換してみましょう。たとえばこんなふうに。

NG 言い訳	〈例〉	OK 言い換え
時間がないから片づけられない	>>>	片づけ時間をつくるにはどうすればいい？
ものがありすぎて収納できない	>>>	現在収納しているものって必要なもの？
大事なものまで捨てるなんてできません	>>>	大事じゃないものから捨てればいいよね
とりあえずとっておきたい	>>>	「とりあえず」の期限を決めよう
片づけても元に戻っちゃう	>>>	どんな方法なら片づけやすい？
片づけられない性格なんです	>>>	ずぼらな自分でも片づく「仕組み」をつくろう

＼ 現実を知る ／

4

片づけを前にイメージしたい「理想の生活」の考え方

片づけを始めるときに大切なことは、ゴールをイメージすることです。片づけはマラソンやダイエットと同じ。「42・195キロ走りきるぞ」「絶対にあと5キロやせるぞ！」。そんな目標があるから続けられるし、がんばれるのです。

でも、片づけのゴールって設定しにくいですよね。「ものを半分に減らす」などは具体的ですが、気持ちとの折り合いをつけるのがむずかしく挫折しやすいのです。

では、片づけのゴールって？　私は「理想の生活」だと思っています。ただ、片づけが苦手な方に「理想の生活は何ですか？」と聞いても考え込んでしまう人が多いです。そんな人は、いまの生活の不満な点、困っている点を書き出してみてください。それを裏返したものがあなたの理想の生活です。

部屋を片づけることは目的ではありません。あくまでも理想の生活というゴールに近づけるための手段です。まずは左のページのワークをやってみてくださいね。

WORK・3

あなたの困りごと

自由に書き込んでみよう

理想の生活なんて思い浮かばない……という人は
困っていることの解決策から考えてみましょう。

困っていること	だからこうしたい
〈例〉家族がすぐ散らかす。イライラしてどなっちゃう。	ガミガミ言わなくても、家族が進んで片づけられる家にしたい。
〈例〉玄関からすでに散らかっているので、宅配便のピンポンが憂鬱。	いつでも「どうぞ」と言える玄関にしたい。恥ずかしい思いはもうしない！
〈例〉地震がきたら落下物でケガをしそうで怖い。	余計な不安を抱えないで安心して暮らせる家にしたい。

STEP 1
STEP 2
STEP 3
STEP 4

＼ 現実を知る ／

5

片づけることで生活は ハッピーな方向に展開する

私が汚部屋に住んでいたとき、散らかった部屋を「そんなものだ」と思っていたことは前に書きましたね。変化が起きたのは夫と知り合ってからです。夫の実家を訪れたとき「同じ人類でこんなにも違うの？」と衝撃を受けたのです。部屋がきれい。それはまぁ予想していました。わが家よりきれいな家はたくさんあります。でも驚いたのは、穏やかさでした。人生で一度も怒ったことがないかのように、夫の両親は穏やかなのです。

それに対し私の実家ではいつも誰かがイライラしていました。フルタイムで働く母は常に忙しく、しかも家事全般を一人でこなし、余裕がまったくありません。当然ですよね。でも、家の中のことは母にしかわからないので誰も手が出せないし、手伝うにはものが散乱しすぎていたのです。

私の理想は「ゆとりのある家」です。「空間のゆとり」があれば探し物や片づけに追われることもなく「時間のゆとり」ができます。その結果、「心のゆとり」もできる……そんな理想を、私は実現できたと思っています。さて、あなたの理想は何ですか？

片づけで生まれる3大効果

1 時間が増える

「いつも何かを探している人生」というとドラマチックですが、汚部屋さんの時間は、もの探しにムダに費やされています。在庫を把握できていれば、ムダな買い物のために店をまわって時間を浪費する必要もなくなります。

2 ムダづかいが減る

「どうせ使うから」と多めに買っても、どこに収納したか忘れて賞味期限切れになることが多い。片づけの過程で必要なものと量がわかると、新製品に惑わされてあれこれ買うこともなくなります。

3 気持ちがラクになる

人間の脳は、目から入る情報に影響を受けやすいといわれています。散らかった部屋は人を不安にさせ、イライラした気持ちを増幅させます。家族の誰もが片づけやすい部屋になると家事の負担も減りますよね。

Point

その結果

- 決断力と自信がつく
- イライラしなくなる
- 夫婦の仲がよくなる
- 子どもがのびのびできる
- 自分のことが好きになる

など、いいことがいっぱい！

STEP 2

収納以前のデトックスワーク

現実を認識し、理想の生活をイメージできたら片づけ開始！
次のステップは、ものと向き合うことです。汚部屋さんは、
自分が何をどのくらい持っているか把握できていないことが多いので、
景色になっているたくさんのものたちを仕分けすることが重要です。
そして不要なものは手放していきましょう。

STEP 1
STEP 2
STEP 3
STEP 4

WORK・4

ものが多い人あるあるチェック！

- □ 消耗品のストックを把握していないから、行き当たりばったりで買ってしまう。
- □「何かに使うかも」ときれいな箱や缶などを残しがち。
- □ 捨てて後悔したことがある。
- □ 無料のサンプルやノベルティなどは、とりあえずもらってしまう。
- □ ペットボトルのおまけや雑誌の付録につられて、つい買ってしまう。
- □ 流行に流されやすいタイプだ。
- □ フリマアプリで売ろうとしているものが家にたまっている。
- □「2枚で20%OFF」などのセールをしていると、欲しいものがなくても2枚買う。
- □ 使わないいただきものを何年もとってある。
- □ 手放す決心がつかない保留BOXがいくつもある。
- □ ものを捨てることは悪いことだと思っている。
- □「こういうものはいくつあっても困らない」が口癖でものがあふれる。
- □ 手放すものの判断基準がわからない。自分で決められない。
- □ 捨て方がわからないものをわからないままにしている。
- □「○○のとき用」のものがたくさんある。

チェックが多い人は、デトックスが必要！

＼ デトックス ／

1

出しっぱなしのものから片づけると
リバウンドしやすい

汚部屋さんの家は、床やテーブルの上にいろんなものが置かれています。だから「片づける」＝「出ているものを収納する」だと思いがちなのですが、実は違います。

出しっぱなしになっているものを、真っ先に片づけてはいけません。

それが出しっぱなしになっているのには理由があるからです。片づける場所が遠い、収納場所がいっぱい、片づけにくい……。出しっぱなしのものを片づけるためには、使う場所のすぐ近くに、戻しやすい収納場所をつくらなくてはいけません。でも、収納はまだ先。ステップ3です。まずは収納できるスペースをつくりだすことから始めましょう。これを「整理」といいます。

整理とは、不要なものを手放し、残すものを仕分けしていくことです。「これは使えるか、使えないか」「使いたいか、使いたくないか」を自分に問いかけ、不要だと思ったものは潔く手放します。残ったものは種類別に分類し、さらに「どこで使う？」「どの程度使う？」を考えて仕分けします。ここまできてようやく「収納」に進めるのです。

汚部屋さんの家を見ると、ベストな収納場所に別のものが置かれていて、よく使うものは出しっぱなし、というケースが多いと感じます。たとえば、寝室のクローゼットに洋服を収納したいのに、そこがいっぱいなのでカーテンレールやソファ、ベッドの上が定位置になっている。だとすれば、クローゼットの中を整理することが最優先課題です。その場しのぎの片づけではなく、根本的な問題を解決することでリバウンドを防ぎましょう。

BEFORE
ふだん使うものが外に出ている

AFTER
ふだん使うものにベストな置き場を

＼ デトックス ／

2

集中力が続くのは90〜120分。無理せず狭い範囲から

「片づけは1〜2日で一気に終わらせましょう」と書いてある本は少なくありません。でも私はおすすめしません。長い年月をかけて散らかってきたものが、そんな短期間で改善できるはずがないからです。汚部屋さんはだいたい家中どこもごちゃついていますから、「これは寝室のもの、これは洗面所のもの」と仕分けても、寝室だって洗面所だってものがあふれています。リビングを片づけていたはずなのに、気づいたら寝室も洗面所も全部やりっぱなしで「夕飯の時間だ！」とあわてて元の場所に押し込んだ経験はありませんか？

人間の集中力が持続するのは120分以内だと、ある本で読みました。私自身も実感しています。だから1〜2時間以内で終わる範囲で取り組むことをおすすめします。「リビングを片づけよう」と思うなら、まずはリビングの棚だけ。いえ、その棚の1段分だけでも十分です。別の場所に移動させるものは、紙袋などに一時置きしましょう。

片づけは一生続くものです。1時間や30分という短い時間を使って、少しずつ片づけていく習慣をつけることのほうが、得るものが大きいと私は思っています。

まずはここから整理！

1 財布

「片づけよう！」と思ったらまずはお財布から。「それって片づけ？」と思うかもしれませんが、取捨選択しやすく、整理の効果を実感しやすいですよ。

2 食品（キッチン）

食品には賞味期限があるので判断に迷いません。食べられる、食べられない、食べたくないなどの基準で仕分けて整理していきましょう。

3 薬箱

薬や冷却シートにも使用期限があるので、期限切れのものは処分。そして、足りない薬品やばんそうこうなどをメモし、買い足しておきましょう。

ここは最後にまわそう！

1 思い出のもの

アルバム、手紙や日記帳、子どもの作品やプレゼント……手放すのがむずかしいものの代表です。これらは整理に慣れて判断力がついてからにしましょう。

2 書類

説明書や保証書、子ども関係のプリントなど、書類の数は膨大。中にはシュレッダーにかける必要があるものも。紙袋などにまとめて、落ち着いて整理を。

3 趣味＆コレクション

「死んでも手放せない！」と言う人が多いのが趣味関係。大丈夫、手放せないものは手放さなくていいんです。存在を頭の隅に置きながら、ほかのものから整理しましょう。

Point

片づけは筋トレと同じ。
最初は軽く、徐々に負荷をかける！

STEP 1
STEP 2
STEP 3
STEP 4

＼ デトックス ／

3

範囲を決めたら全部出す。途中で捨てない、収納しない

整理のやり方にはルールがあります。範囲を決めたら全部出して並べること(全出し)です。これは変更不可、アレンジ不可の絶対ルールです。

なぜでしょう？「自分がどんなものを、どれくらい持っているかを認識できる」「要・不要の見極めがしやすい」。はい、どちらも正解です。でも、もっと大事なことがあります。それはいったん「風景」になったものたちを崩せるということ。

23ページにある私の実家の棚をもう一度見てください。ここから「いらないものだけ探そう」と思っても、風景に埋没して気づけませんでした。ちなみに写真の右下の電話機の下に積み重なっているのは、20年以上前のタウンページ(電話帳)です。全出しして初めて「これって必要ない」と気づくことができました。そんなものなのです。

全出しのときには、何も考えず黙々と、ただひたすらに出します。途中で「これは捨てよう」「これはあっちに収納しておこう」もナシ。とにかく全部出す。出し終わったら最大の難関、仕分け作業に入りましょう。

整理の大原則

1
範囲を決める

30分程度しか時間がない場合も、引き出し1段分くらいなら整理できそうですよね。自分にとって無理のない範囲に限定します。

2
全部出す

引き出しの中をいったん全部出します。「全部出す場所とエネルギーがない！」という場合には、整理する範囲を狭くします。

3
仕分け

全出しした洋服を、残すものと手放すものに仕分けします。着ていないもの、とれないシミがあるものなどは手放します。

4
戻す

数が減ったら元の引き出しに戻します。収納方法を見直すのは、クローゼット全体の整理が終わってからのお楽しみです。

＼ デトックス ／

4

「ものを手放せない」という思い込みをなくす9つの分類

ものが停滞している部屋を変えるためには、不要なものを排出していかなくてはいけません。そう、整理はデトックスです！

とはいっても、いざ整理を始めると「これはいつか着るかもしれないから手放せない」「これはいただきものだから残しておかないと」というところで思考が止まってしまい、あまり減らすことができないまま終わってしまいませんか？　そうすると「私は捨てることができない人なんだ」と落ち込み、片づけがイヤになってしまいます。

そんなあなたに、ものを手放せなすことができないという思い込みをなくす「9つの分類」を用意しました。

おそらく、とくに使っているわけではないけれど手元に残っているものって、この9つのどれかにあてはまるはず。「〇〇だから手放せない」と感情的に考えるのではなく、「これはいつか着るかもしれないもの」「これはいただきもの」と、事実だけを頭の中で分類してみてください。40〜43ページで分類したものの具体的な解決策を紹介します。

三吉式　9つの分類

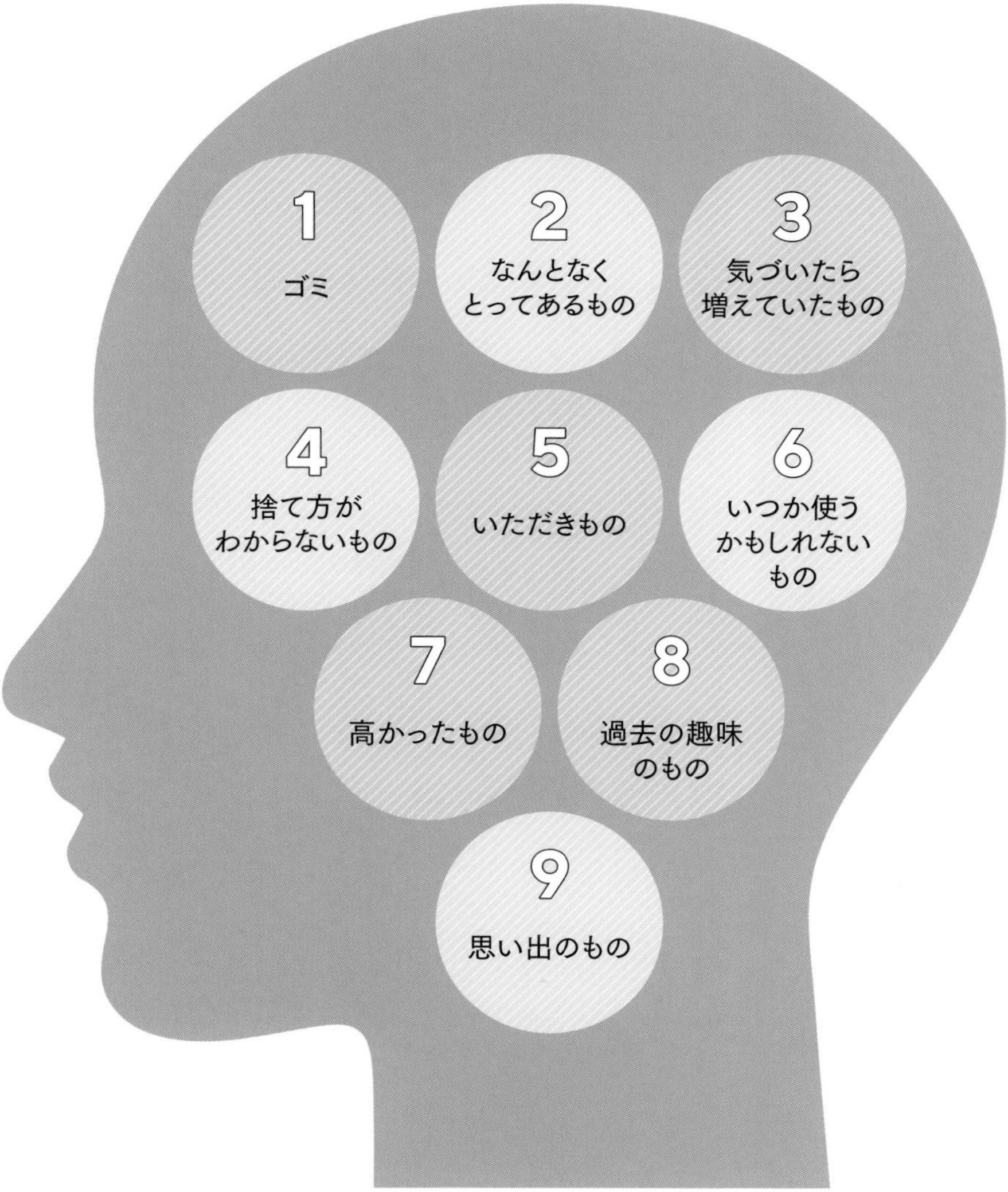
1
ゴミ
2
なんとなく
とってあるもの
3
気づいたら
増えていたもの
4
捨て方が
わからないもの
5
いただきもの
6
いつか使う
かもしれない
もの
7
高かったもの
8
過去の趣味
のもの
9
思い出のもの

1 ゴミ

たとえば
- □ ペットボトル
- □ お菓子の空き箱
- □ 不要なDM
- □ ポスティングちらし

など

明らかにゴミなのにとってあるのはなぜ？それは「置く」から。今後は使い終わってゴミになった瞬間にゴミ箱に入れましょう。

問いかけ
- 「今度からゴミはあとまわしにせずその場ですぐ捨てよう」

2 なんとなくとってあるもの

たとえば
- □ カタログや新聞
- □ 何年も前に読んだ本
- □ 欠けてしまった食器
- □ 古い年賀状

など

汚部屋さんに一番多いのが、無自覚にとってあるもの。それに気づくためにも全出しは必須。棚や引き出しに入ったままでは、なぜか見えないものなのです。

問いかけ
- 「これがここにあるって気づいてた？」
- 「本当に必要？風景になっていない？」

3 気づいたら増えていたもの

たとえば
- □ 文房具
- □ 便箋、封筒
- □ 紙袋、ビニール袋
- □ ウエスにするTシャツ

など

確かに必要なものだとしても、多くはいらないですよね。使う頻度と比較して多すぎたら、気に入っているものだけ残しましょう。

問いかけ
- 「こんなに必要？」
- 「使いきれる？置き場所がもったいないよ」
- 「使う頻度に比べて多くない？」

4 捨て方がわからないもの

たとえば

- □ 複合素材のもの
- □ 土、保冷剤
- □ リサイクルに迷うもの
- □ 粗大ゴミか迷うもの　など

ゴミの分別方法は自治体によってさまざまなので、いざ捨てようと思っても捨て方がわからないものもあります。そんなときは迷わず自治体のウェブサイトで検索！　それでもわからなかったら、役所に電話を。担当者につないでくれて丁寧に教えてもらえますよ。

問いかけ

- 「わからないことは調べないとわからないままだよ」
- 「いつまでに捨てるか期限を決めてみよう」

5 いただきもの

たとえば

- □ 結婚式の引き出物
- □ 旅行のお土産
- □ 誕生日プレゼント　など

問いかけ

- 「自分は誰に何をあげたか覚えてる？くれた人もきっと忘れているよ」
- 「すぐに決断できないものは期間をおいて手放そう」

「人からもらったものは大事にすべき」という思いが私たちにはありますが、「いただきもの」=「欲しいもの」とは限りません。趣味に合わない、使い道がない場合には、手放すことも検討してみて。いただきものは受け取った時点であなたのものなのです。

6 いつか使うかもしれないもの

たとえば
- □ やせたら着るかもしれない洋服
- □ 結婚式があったら使うバッグや靴
- □ きれいなお菓子の缶
- □ 余っている収納ボックス　など

「いつか」や「使うかもしれない」って目的が不明確ですよね。ここを具体的にするために「いつか、っていつ？」「どんなシチュエーション？」を考えてみましょう。本当にその状況は起きるのでしょうか？　自分のライフスタイルにあてはめて考えてみて。

問いかけ
- 「いつか、っていつ？ どんなふうに使うの？」
- 「いざ使おうと思ったとき、どこに片づけたか忘れちゃうんじゃない？」

---

7 高かったもの

問いかけ
- 「昔高級だったとしても、いまはボロボロじゃない？」
- 「買ったときは使っている自分をイメージしたはず。でも、きれいなまま使っていないなら今後も使わないかも」

たとえば
- □ ブランドのバッグや財布
- □ 家具、家電
- □ カップ＆ソーサー　など

どんなものでも判断基準は「使っているか」「使いたいか」です。いまも今後も使う予定がないなら、価格にかかわらず手放す対象です。使い込んでボロボロになったものなら「ありがとう」と感謝して処分。新品同様なら使ってくれる人に譲りませんか？

8 過去の趣味のもの

たとえば
- □ 手芸用品、製菓用品
- □ DIYの道具や材料
- □ 書道や茶道の道具　など

一時期ハマったものを手放すのは難易度が高いものです。でも、もう一度再開する可能性が本当にあるか真剣に考えてみて。もし再開したとしても、そのとき使いたい道具は違うかもしれません。時間がたてば劣化するものなら、いますぐ手放してもいいかも。

問いかけ
- 「その趣味、いつ再開するの？本当にやる？」
- 「再開したときにはもっと便利なものが出ているんじゃない？」

9 思い出のもの

たとえば
- □ アルバム、ビデオ
- □ 旅先で買った思い出の品
- □ 子どもの作品　など

問いかけ
- 「今後も増え続けるけどスペースにゆとりはある？」
- 「いま、手放せないものは時間をおいてまた見直そう」

左のような問いかけをしても「手放せない」と思うなら、いまはその時期ではありません。ホコリが入らないよう、ふたつきの箱に入れて保管します（取り出しにくい場所でOK）。放っておくのではなく、1年に一度くらい厳選する機会をつくってみて。

STEP 1　STEP 2　STEP 3　STEP 4

＼ デトックス ／
5

手放す基準は「自分軸」。人の基準を参考にしない

私はよくこう聞かれます。「三吉さんなら捨てますか？」「みなさんはどうしていますか？」「いくつまでなら残していいでしょう？」。気持ちはよくわかります。自分では決められないし、決めたくない。誰かに決めてもらえたらラクですよね。

でもそれではダメなんです、とくに汚部屋さんは。「手放すか残すか」の意思決定から逃げてきたから汚部屋になっているのです。私もそうでした。自分の考えなんて何もなく、人に合わせてばかりで優柔不断な人間でした。もうそれはやめましょう。

では誰に聞けばいい？ 自分です。自分と対話するのです。「なぜ着ない服をとっておくの？」「かわいいと思って買ったけど着心地が悪くて。それに太って見えるんだよね」。そんなふうに自分と対話した結果、私は迷っていた服を手放しました。着ていなかった理由が腑に落ちるから迷わないし、後悔もしていません。おまけに、自分に似合う服と似合わない服がよくわかるようになりました。ものと向き合うということは、自分と向き合うということ。自分との対話を繰り返すことで、自分の「軸」が明確になっていくのです。

思考の整理ノート

問い

“紙袋、こんなに必要？”

とっておく理由

人に何かを渡すときに必要	バッグが小さいときにサブで使える	資源ゴミを出すときに使う	メルカリの梱包用に（大きいサイズ）
↓	↓	↓	↓

……でも、実際に使ってる？

人に何かを渡す機会って少ないかも？	サブで紙袋を使う機会はない	収集は2週に1回。月2枚を消費	メルカリで出品するのは本が多い
考えてみると年に数回。使用頻度と紙袋の数を比べると、どう考えても多すぎる。	いまはエコバッグを持ち歩いているし紙袋をサブで使うことはない。	1年間で24枚あればいい。こんなにたくさんいらないかも。（資源ゴミの出し方は地域による）	洋服などを送るときに使うかも、と思っていたけど洋服を出品したことはない。
結論 ↓	結論 ↓	結論 ↓	結論 ↓
こんなにいらない	サブでは使わない	とっておく枚数を決めよう	大きな袋は2～3枚あればいい

＼ デトックス ／

6

ちょっと待って！ 勢いで捨てるのは危険です

「手放せるものは手放そう」と言っている私ですが、「捨てれば捨てるほどエライ」とか「ものがないって、すばらしい」と思っているわけではありません。

人にはそれぞれ、適切な「持ち物の量」があると思います。大事なのは、その量を自分で決めること。そしてその量を何度も何度も見直していくことです、自分軸で。

だから「とにかくたくさん捨てよう」とは思わないでください。ものを減らすのは目的ではなく、あくまでも理想の生活にするための手段です。ものを減らすことを目的にすると、量ばかりに目がいって「あまり手放せなかったな」と、落ち込んで挫折してしまいます。

一方で、気持ちがハイになってどんどん捨ててしまう人もいます。「片づけハイ」ともいいますね。その場の気分で大事なものまで捨ててしまうと、「捨てなければよかった」と後悔することになります。その後悔は片づけそのものを嫌いにさせ、新しいものを買うきっかけにもなります。結果、リバウンドしてしまうのです。

納得して手放す。これが整理というステップの一番重要なポイントです。

たとえば…
こんな思い込みをしていませんか？

「捨てるなんて無理です」と言う人の話を聞くと、
下のような思い込みをしていることも多いものです。

思い込み		発想を転換
多いものを減らす必要がある 「洋服が大好きで、クローゼットの7割が洋服」という人の場合「まずは洋服を減らさなくちゃ」と思いがちです。	>>>	**多いものが大切なものならほかを減らせばOK** 洋服は不要なものだけ手放して、クローゼット内のその他のものを減らせば、全体の総量は減ります。
大事なものも手放さなくちゃいけない 「大事なものから捨てれば、捨てることに弾みがつく」という考え方がありますが、後悔する可能性大。	>>>	**大事なものを残すために優先順位の低いものを手放す** 捨てられないものは残していいんです。そのかわり優先順位の低いものを手放しましょう。その見極めが大事！
持ち物は少ないほど正しい ミニマリストに憧れた経験のある私は、こう考えていたこともありました。でも不便な部分もあります。	>>>	**自分にとっての適量があるはず!** 自分にとって使いやすい数、量がわかっていれば、極端に減らさなくても心地よく暮らすことができるのです。

STEP 3

インテリア以前の収納ワーク

自分にとって必要なものだけを残したら、いよいよ収納です。
ムダなくスペースを活用したり、見栄えをよくするために
隠すことではありません。使いやすい場所に、
出し入れしやすいグッズを使って「住所」を決めましょう。
私の実例をまじえて紹介します。

WORK・5

収納下手さんあるあるチェック！

- □ 中が見えないケースにしまっているせいで、出し入れのたびにいろんなケースを開けてしまう。
- □ 収納グッズを買ってから、何を収納するかを考える。
- □ 出したり戻したりがしにくくて、面倒くさくなって出しっぱなしに。
- □ 使いたいものが使う場所から離れた場所に収納されている。
- □ ふだん使わないものが収納スペースに入っていて、よく使うものが床置きされている。
- □ 同じジャンルのものがあちこちに散らばって収納されている。
- □ サイズの合わない収納家具を使い続けている。
- □「大は小を兼ねる」と、とりあえず大容量の収納グッズを買う。
- □ よく使うものなのに、出し入れのたびに何かをどかさないと取り出せない。
- □ 収納棚にカーテンや扉をつけて隠しているけど中はカオス。
- □ 棚などにスペースがあると、余白を埋めたくなる。
- □ とりあえずみんなが使っている収納グッズなら間違いない！と買ってしまう。
- □ 収納というよりただ突っ込まれているだけになっている。

チェックが多ければ多いほど、
あなたの収納下手度は高い！

＼ 収納 ／

1

住所をつくってもリバウンドする理由・1

動線

よく「使う場所の近くに収納スペースをつくろう」と言いますが、これは使う場所から離れたところに収納スペースがあると、使ったあと戻すのが面倒になるからです。みなさんの家でもダイニングテーブルに、文房具や本、スキンケアグッズが放置されていませんか？

ダイニングテーブルに散らかりやすいものは、その場所の近くで使っている可能性が高いです。だったら、その場所の近くに住所をつくれば解決!……と、言いたいところですが、実はその前にひとつやってほしいことがあります。それは自分や家族の行動を客観視すること。「この部屋で家族はいつも何をしているかな?」と振り返って紙に書き出してみてください。そして収納スペースが近くにあるか確認してみましょう。

収納スペースはあるけれど、すでに他のものでぎゅうぎゅう……ということもあるかもしれません。でも、それってその場所で使うもの？　ふだんほとんど使わないものに〝一等地〟が与えられ、毎日使うものたちが乱雑に放置されていることも多々。ここになくてもいいものは移動させ、毎日使うものに場所を譲ってあげましょう。

散らかりやすい場所はどこ？その理由は？

カウンターやダイニングテーブルに雑多なものが

腰から目線までの高さは、ちょい置きしやすいゾーン。食器、ハンドクリーム、カギなどはもちろん、ペットボトルなどのゴミもここに。

ソファ周辺にものが集まる

人間ではなく、脱いだ洋服やコート、乾いた洗濯物、買い物袋などが“座りがち”なソファ。適度な高さもあるので置きやすい。

帰宅してちょい置きしたものたちがたまる

ちらしやアクセサリーなどがたまりやすい玄関。せっかく飾った写真や雑貨もものに埋もれ、見えない状態。

寝返りをうてないベッドまわり

脱いだ服がシワになり、読みかけの本やスキンケアグッズが枕のまわりをぐるりと囲む。これではぐっすり眠れない。

＼ 収納 ／

2

住所をつくってもリバウンドする理由・2

使用頻度と高さ

「ここに収納しよう」と決めて住所をつくったけれど、使ったものをスムーズに戻せずリバウンドしてしまうことはよくある話です。いったいどうしてでしょう？

考えられる理由のひとつが、使用頻度と収納する高さが合っていないこと。人が一番使いやすい高さは腰から目線の高さといわれています。ということは、よく使うものはこのゾーンに収納するのがベスト。さらに、奥か手前なら手前のほうが使いやすいですよね。

そのことはなんとなく知っているという方でも、食器棚の中を見せていただくと、よく使う食器が使いにくい高さに収納されていることが……。毎日かがんで取るのが当たり前になっていると、使いにくいことに気づけなくなってしまいます。一度いままでの収納の思い込みをやめて、もう一度新たに考えてみてください。絵に描いてみるのもおすすめです。また、使いやすい高さは大人と子どもで違います。私たち大人が使いやすい高さは、小さなお子さんにとっては高すぎる場合もあります。お子さんのおもちゃや身支度グッズはお子さんの身長に合わせて収納場所を決めると自立にもつながりますね。

腰から目線の高さがベストポジション

奥	手前
死蔵品に	使いにくい
使いにくい	使いやすい
かなり使いにくい	やや使いにくい

使いにくい

使いやすい

やや使いにくい

＼ 収納 ／

3

住所をつくってもリバウンドする理由・3

収納グッズ

「SNSでみんなが使っている収納グッズを使えば片づくに違いない」「中が見えない収納グッズを使って見栄えよくしたい」。自分にとってそれがベストなのか考える前に、ついつい収納グッズを買いに走ってしまう……。私もそうでした。でも、その収納グッズが原因でリバウンドしてしまうケースもあります。

汚部屋さんの場合、忙しい、面倒くさがりという特徴があげられます。となると、収納グッズもそんな自分に合うものを選ぶのがベスト。よく使うものは出し入れするときに①工程少なく②乱れにくく③ひと目でわかる収納グッズがおすすめです。

頻繁に使うものなのにふたつきのケースに収納すると、毎回ふたを開けるのが面倒になってしまいます。そして大容量のケースは一見たくさん入りそうで便利！と思いますが、出し入れのたびに中を掘り起こすので乱れやすくなります。隠す収納は見た目はすっきり見えますが、ラベリングをしておかないと中に入っているものがひと目でわかりにくいです。サッとしまえる収納グッズを選ぶことで、グンと片づけやすくなりますよ。

収納グッズのOKとNG

NG　　　　OK

ふたつきは取り出しにくい

工程を少なく

上が開いている

掘り起こしてぐちゃぐちゃ

乱れにくく

ものの量に合っている

何が入っているか見えない

ひと目でわかる

浅いと入っているものが見える

収納グッズの特性を知ろう

	ここが○	ここが×
箱	ふたがあると積み重ねられ、中も見えない。たまにしか使わないもの、ホコリを嫌うものに。	重ねたりふたをしていたりすると、開けるのが面倒になる。中身がわからないのでラベリング必須。
引き出し	引き出して奥まで見ることができるので、押し入れやクローゼットなど奥行きのある場所にぴったり。	引き出しの中でものが積み重なると下にあるものが見えなくなる。目線より高い位置では使いにくい。
掛ける	どこに何があるかがわかりやすい。ワンアクションで取れる。空間を有効に使うことができる。	きれいに整えておかないと部屋全体がごちゃごちゃする。落下したり、ホコリがたまったりする。

＼ 収納 ／

4

収納の考え方・1

私がリビングに衣類収納をつくったわけ

ここで汚部屋出身の私が、自分の家の収納方法を変えた経緯の一部をご紹介します。私は考えることが好きなのでおつきあいくださいませ。

気になっていたのはソファでした。いつも洋服やバッグが置きっぱなしになっていて見苦しい。なんでだろう？　そこで動線を考えてみました。仕事から戻ると私はリビングに直行します。そこでまずバッグと上着をソファにバサ！　しかもベランダから取り込んだ洗濯物もソファにこんもり。洋服の置き場は寝室のクローゼットなのですが、そこに収納するのは休日のやる気がある日だけ。動線的に考えると、衣類はソファのある場所に収納スペースをつくるのがベストなのです。

結論。ソファのある場所に必要なのは、ソファではなく衣類収納だ！

腰痛でソファには座れなくなっていたこともあり、まずソファを手放しました。これで洋服を「ちょい置き」できる場所はなくなりました。それでも置きたい衣類がなくなったわけではありません。新しい収納家具を入れることにしました。（P58へつづく）。

STEP 1

STEP 2

STEP 3

STEP 4

思考の整理ノート

疑問

"なぜリビングのソファの
上に洋服が散らかるの？"

思いついた答え

帰宅すると リビングに直行 するので、ソファに コートやバッグを 置いてしまうから	ソファがベランダの そばにあるので 取り込んだ洗濯物を ちょい置き しがちだから	クローゼットは 寝室にあるが エアコンのある リビングで着替える ことが多いから

↓ ↓ ↓

じゃあどうすればいい？

↓

結論

洋服の収納場所は リビングにあったほうがいい！

ソファはいままでも 座っていなかった ので処分して ここに収納家具を 入れる	寝室の クローゼットには シーズンオフの 服を収納する	いまのシーズンの 服と部屋着は リビングに置く

＼ 収納 ／

5

収納の考え方・2

私が無印良品のシェルフを選んだわけ

さほど広くないリビングに洋服収納を置くと決断したのです、失敗は許されません（ちょっと大げさ）。どんなものがいいか、とことん考えました。条件は４つ。①コートやバッグ、その日着ていた洋服、洗濯が終わった下着や靴下など、「一軍」として現在稼働している衣類を収納できること。②コートやボトムは掛けて収納したいが、肌着や靴下は引き出しに入れたい。③部屋着を放り込んだカゴを置くスペースが欲しい。④圧迫感がない。

①〜③は一般的な洋服ダンスならかなえられますが、圧迫感があります。あれこれ悩んだ結果、決めたのが無印良品のスチールユニットシェルフでした。部屋のイメージより少し硬質な感じですが、部屋着用にラタンのカゴを組み合わせたら、部屋の雰囲気にもマッチしました。夫婦それぞれの衣類が少ないので、「一軍」の収納も問題ありません。

このシェルフをリビングに置いてから、びっくりするほど衣類が散らからなくなりました。コートをかけるのも、着替えるのも、洗濯物を片づけることも、まったく苦にならないのです。これぞ私にとって理想の収納家具。いまも大満足です。

思考の整理ノート

疑問

“リビングに置くべき大型の収納グッズって？”

思いついた答え

- ふだん使いしている衣類やバッグが全部収納できる
- 「掛ける収納」「たたむ収納」両方欲しい
- 不要になったときに別の用途にも使える
- すっきり見えて圧迫感がない

↓

結論

無印良品のスチールユニットシェルフに決定！

ベランダ脇に置く

1 洗濯物を取り込む
2 ここでたたむ
3 すぐに戻す

選んだPOINT

- ホワイトグレーで壁の色に近い。
- オープンで圧迫感がない。
- カゴを置くことですぐに片づき、ナチュラルな雰囲気もつくれる。
- 引き出しがついているので肌着の収納にも便利。
- サイドにバッグなども掛けられる。

＼ 収納 ／

6

三吉家の「考え抜いた収納」ぜ〜んぶお見せします！

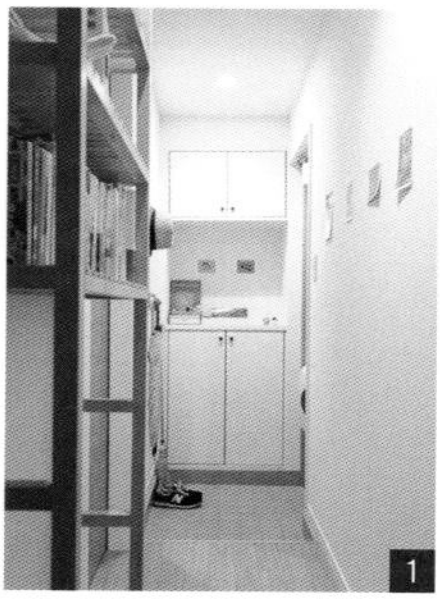

1 廊下から玄関を見て。2 廊下から寝室を見て。

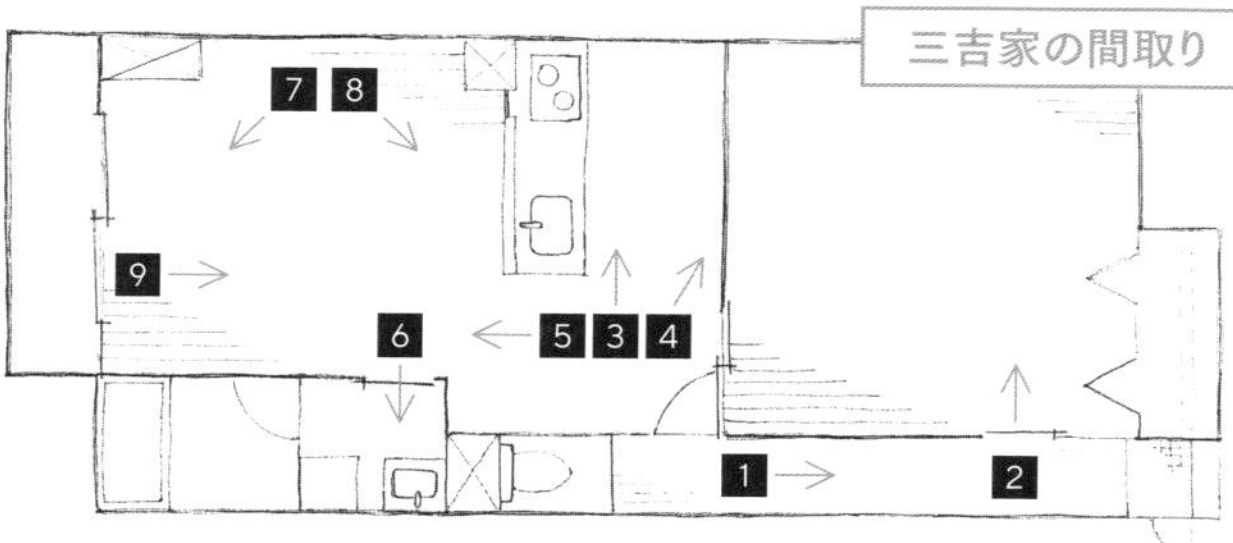

3 4 5 リビングとキッチンの入り口あたりから。

6 洗面所。 7 8 リビングの窓側から見て。
9 ベランダ側からリビングを見て。

リビング

衣類収納のユニットシェルフ

58ページでお話ししたシェルフ。リビングの窓ぎわが定位置です。

バッグはサイドに掛ける

シェルフのサイドの細いパイプにはS字フックをつけて。

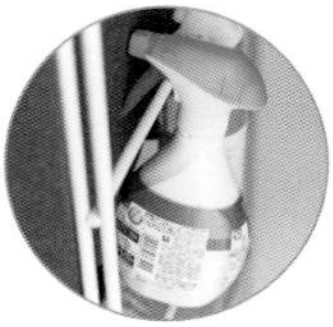

反対サイドには洋服スプレー

引き出しに肌着など

下着とタンクトップをワンセットにして引き出しへ。

部屋着はカゴに放り込む

ポンと放り込むだけのカゴがあるとストレスゼロに。

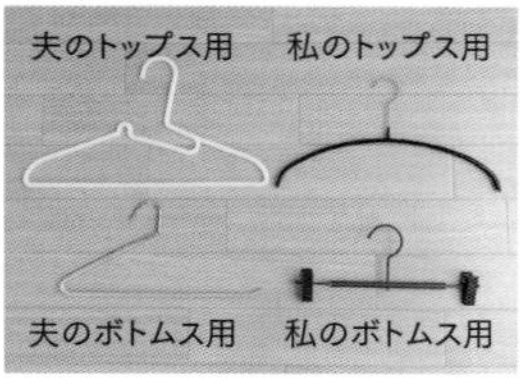

ハンガーを統一してすっきり

お互いにお気に入りのハンガーを使用。

リビング

「アイテム別」に「戻しやすく」して 3歩以内で片づく仕組み

仕組み① キッチンとダイニングの間

1日に何度も通るこの場所は、
わが家のゴールデンエリア。頻繁に使う
生活用品の定位置です。使用頻度別に
収納しているので戻すのもラク。

上段 ワンアクションで戻せる

＝ 使用頻度がもっとも高い文房具やノート類

ユニットシェルフ

生活のメイン動線上

ハサミはマグネットでつるす。

中段 戻しやすい

＝ 浅い引き出しに文房具や印鑑など

何が入っているか一目瞭然。

下段 戻しにくい

＝ たまにしか使わない梱包グッズ、掃除用具

新聞紙、封筒、梱包材など。

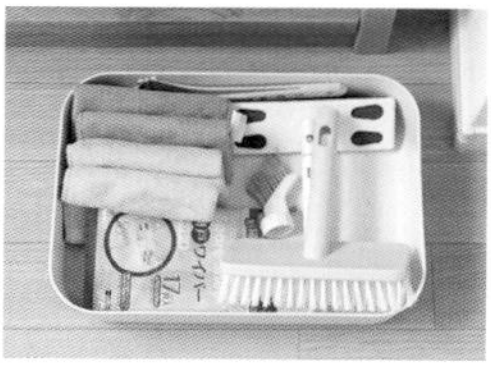

クロスやブラシがぴったり。

仕組み② テレビ台の引き出し

テレビ台は日常の動線上から少しずれているので、テレビ周辺で使うものを中心に。

部屋の雰囲気に合わせて買ったテレビ台。左側の棚はWi-Fiのルーターやゲームの収納場所に。

上段

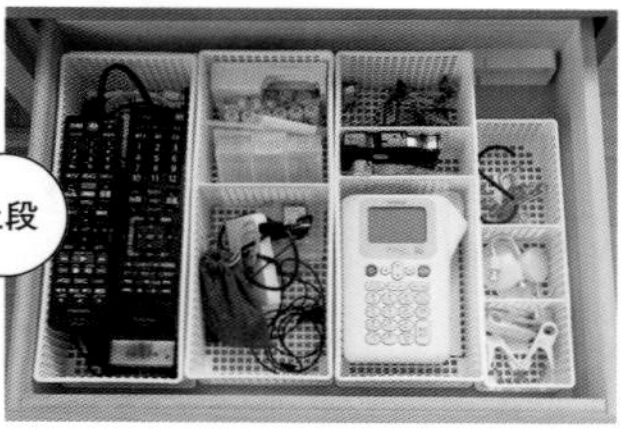

リモコンやコード類

セリアの仕切りボックスを使用。仕切りの幅が自由に変えられる。

下段

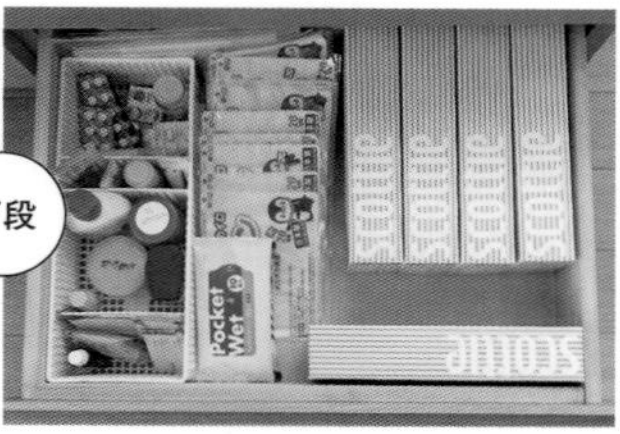

薬や衛生用品のストック

上から見てもわかるように薬のふたにはラベルをはって薬品名を記入。

ワンアクションで使いたい掃除用具は、出しっぱなし

キッチン

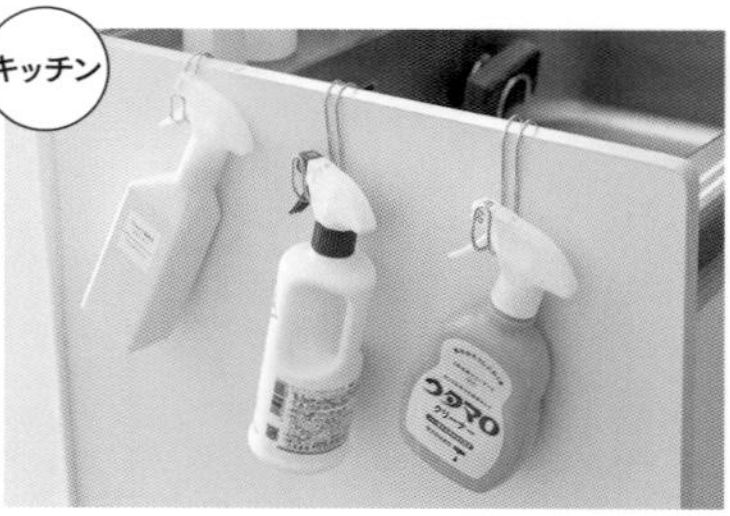

掃除が苦手だからこそ、汚れが気になったときにすぐ手に取れる場所に道具を置く。汚れがたまらなくなると掃除がラクに。

リビング

玄関

キッチン

動線を考え抜いて、ワンアクションで使いやすく

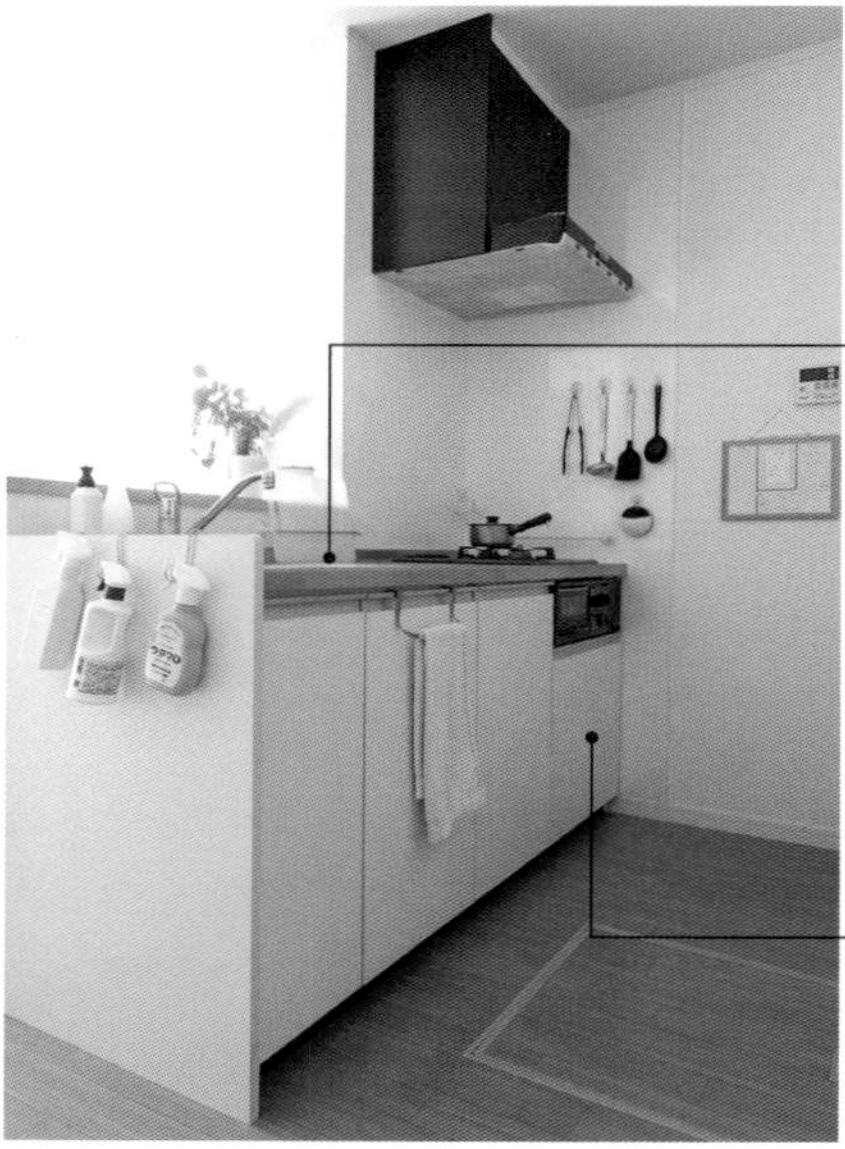

調理台

水切りカゴは置かない

使った食器はふきんの上に。

コンロ下

調理に使う調味料や食材を

使用頻度の高い調味料を上に。

シンク下

水回りで使うものはここに集合

スポンジは手に取りやすい場所に

排水ネットや手袋を壁に

鍋類や掃除グッズはファイルボックスに

シンク下には「洗う」「水をくむ」「掃除をする」といった水に関係するものを収納し、右隣の調理台の下には保存容器や調理器具を収納。動作に合わせることで動きにムダがなくなる。

扉裏にフックをつけて

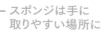

カラーボックスでつくった食器棚

ニトリのカラーボックスに天板をのせました。
2つの間にひら受けをつけて板をのせ、収納スペースを確保。

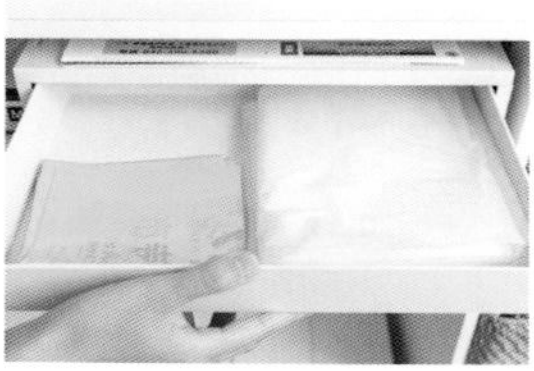

ゴミ箱の上にはゴミ関係のものをまとめて。ゴミ袋も取りやすく。

ゴミ袋をまとめて収納

毎日使う食器はゴールデンゾーンに。壁側(左側)の棚は丼や大皿も。

出番の多い茶碗、マグカップ

使用頻度の高いもの

使用頻度の低いもの

食器、保存食

ゴミ関係

夫婦でよく使うもの

食品は箱から出して

ぴったりサイズのカゴを引き出しがわりに使用。

カトラリーは浅い引き出しに

必要最低限のものだけにしてパッと手に取れるようにする。

寝室

壁面を効果的に使って くつろぎスペースを確保

ピクチャーレールにバッグを掛けて

バッグは壁に掛けて見せる収納。使っているのは無印良品のアルミハンガー・ネクタイ／スカーフ用。

壁に書棚をつけて読書を楽しむ

無印良品の「壁に付けられる家具」をとりつけて書棚に。お茶を飲みながら読書。

上段

季節外の布団

IKEAの「スクッブ」を布団収納に。

上段

あまり使わないものをここに

夫のスポーツ関係のグッズや季節雑貨などをカゴにまとめて。

私のストールや洋服ブラシ

防災リュック
[→ P71]

引き出しにはラベルを

バッグやウインドブレーカー

寝室以外でも壁面は大活躍

リビング

フックも
ナチュラルテイストに

バッグを掛ける前に中身をここへ

P61のシェルフの隣にウォールポケットを掛けて、忘れ物・探し物を予防。

玄関

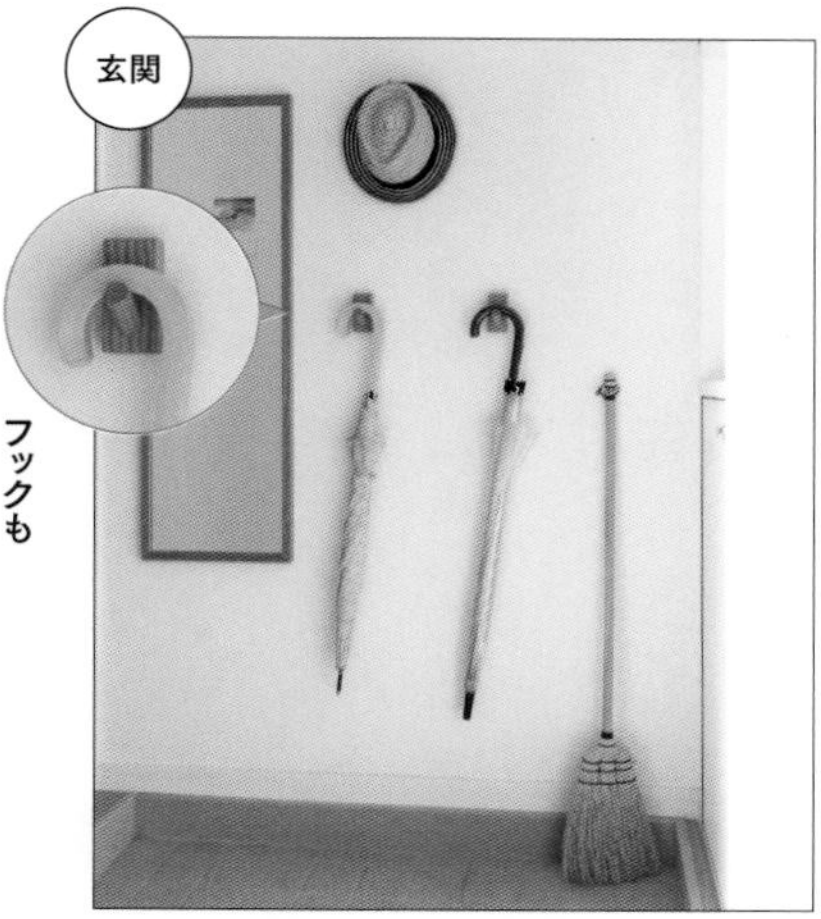

傘と帽子を飾るように収納

狭い玄関に傘立てを置きたくなかったので壁に収納。それぞれお気に入りの傘を1本だけ。

キッチン

吸盤フックを
使用

タオルかけに
ふたを

調理器具はワンアクションで取れる位置に

キッチンのワークトップを広く使うために、よく使う調理器具は壁でスタンバイ。

必要な買い物、思いついたら貼る

よく使う食品などをリスト化してマグネットシートに。料理の味つけもシート化すれば一目瞭然。

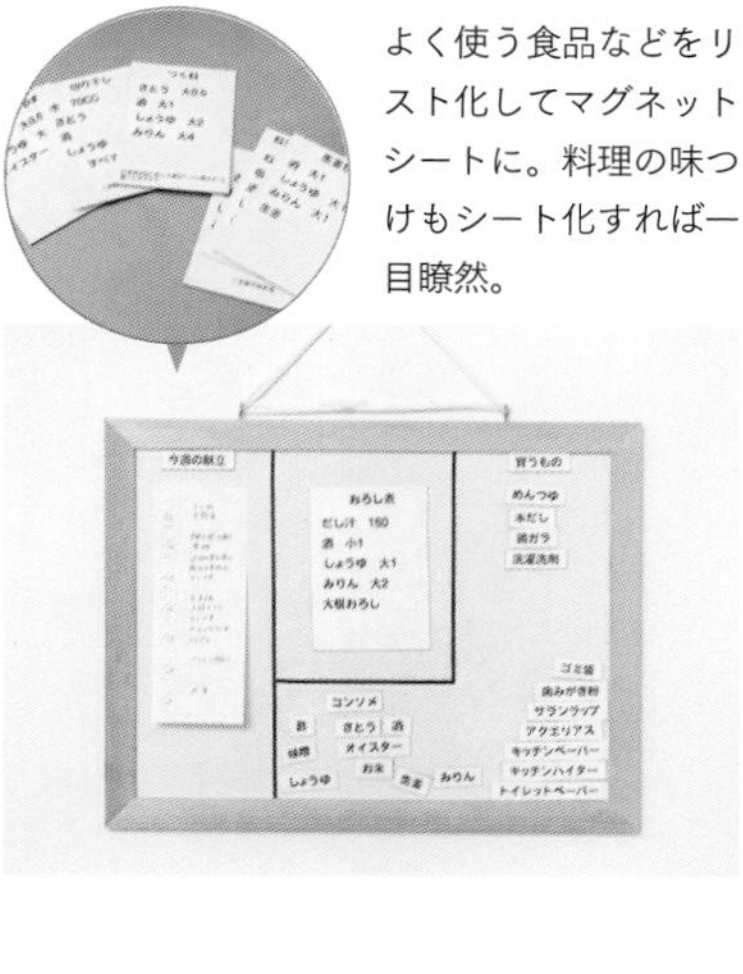

玄関

玄関で必要なものを「見せる」「隠す」で収納する

棚

出かけるときに必要なものを並べる

マスクやティッシュ、夫の時計などがここに。

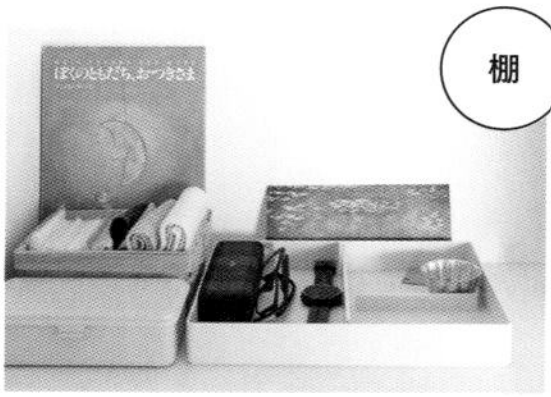

上の棚

ふだん使わないものをここに

引っ越し時に受け取った説明書や、災害時に使うヘルメットなど。

壁

傘や鏡を掛けて省スペース

[→ P67]

扉裏

フックをつけて折りたたみ傘を

粘着フックにぶらさげてパッと手に取れるように。

靴箱

つっぱり棒でスリッパも収納

狭いスペースでもつっぱり棒があれば新たな収納スペースに。

廊下・トイレ

トイレに続く廊下に圧迫感のない書棚を置く

書棚

大好きな本やぬいぐるみを飾って

激薄サイズで圧迫感なし。読み終えた本はここに。

トイレ

床にものを置かないことがお約束

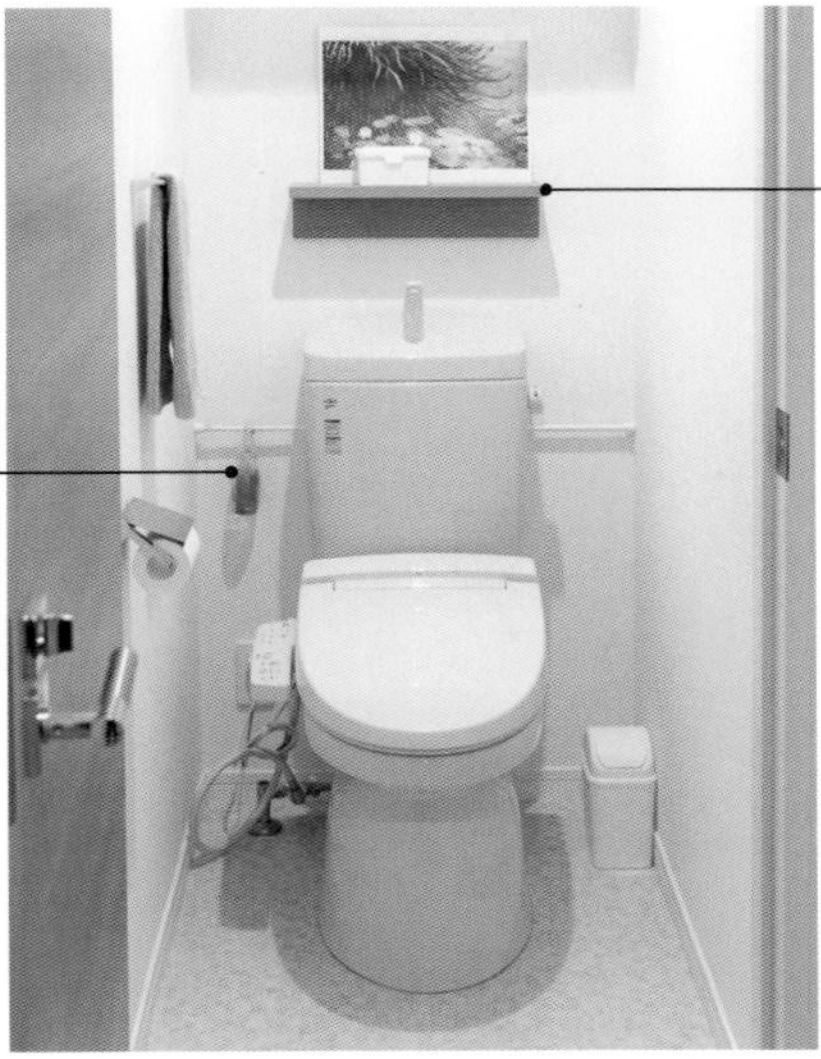

つっぱり棒に洗剤を

洗剤は見えるように収納。掃除のハードルが下がる。

棚をつけて絵を飾る

ここにも無印の「壁に付けられる家具」を。飾り棚にぴったり。

マットやスリッパを置かない

お風呂に入る前に必ず掃除。マットなどがないと簡単に掃除できる。

STEP 1 STEP 2 **STEP 3** STEP 4

洗面所

狭い洗面所は浮かせる収納で使いやすさをアップ！

スキンケアグッズ
洗顔後、すぐに手に取れるような位置に。

石けん
吸盤でくっつけて浮かせたら、洗面台にカビがはえない。

ドライヤー
ヘアアイロンとともに布バッグに入れて。

タオルは棚に
フェイスタオル２枚程度で全身をふくので、この棚で十分。

ハンガーはぶらさげて
つくりつけのポールが洗濯用ハンガーの定位置。

メイク道具 歯ブラシ
歯ブラシは100円ショップで見つけた吸盤式のホルダーに。メイク道具も壁につけた箱に。

洗面所はコンパクトなつくりなので収納家具などは置けない。必要最低限のグッズを絞り込み、空間を利用してできるだけ多くのものを収納している。

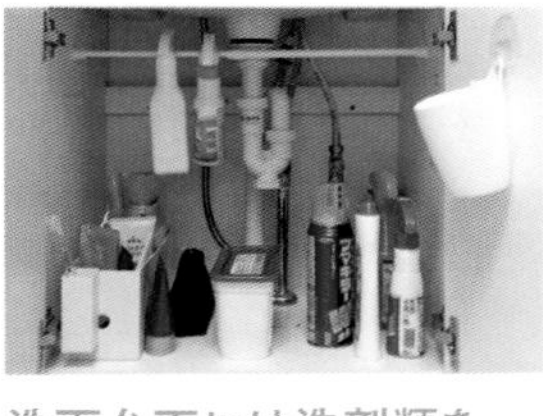

洗面台下には洗剤類を
つっぱり棒をわたしてスプレーボトルを。空間をムダにしない。

浮かせる収納で掃除しやすく
洗面台に直接置かないことで、洗面台がいつも清潔に！

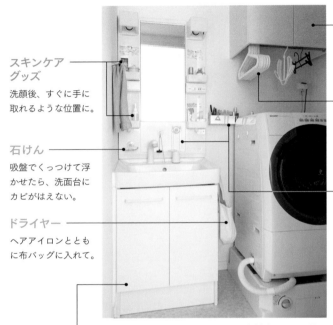

防災グッズ

クローゼットのリュックには必要最低限のグッズを詰めて

防災グッズはリュックにまとめて、夫婦に1つずつ。
いざというときには、これを持って逃げます。

1つのリュックに
これだけ入ってる

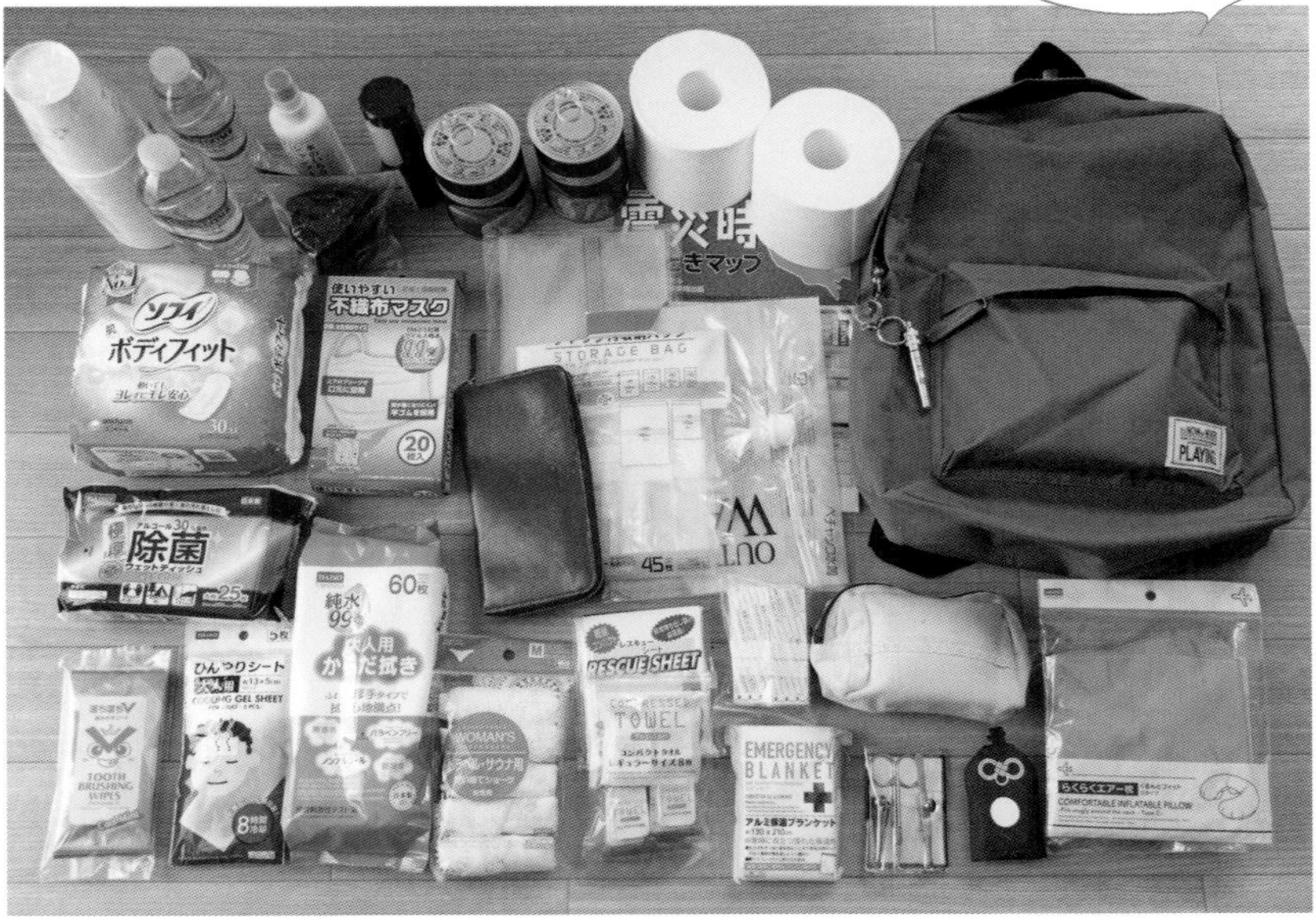

Q リュックの中身は？

市販の防災リュックではなく、いまの私に必要なものを100円ショップやドラッグストアでそろえています。トラベルコーナーに行けば、使い捨てショーツやコンパクトタオルなど、防災にも使えるものがいっぱい。年に2回、9月と3月に見直して入れ替えています。

Q そのほかの防災グッズはどこに？

トイレに　トイレ凝固剤、トイレットペーパーのストックなど、トイレで使うものはトイレに。

キッチンに　保存食や水はキッチンに。ふだんも使えるレトルトや缶詰が中心。多めに買って使ったら補充。

玄関に　震災のときなどに必要なヘルメットは玄関に。折りたたみ式を２人分置いています。

＼ 収納 ／

7

収納はいつも「仮置き」と考え何度も何度も見直していく

あふれたものを整理して、置き場を決めて収納して「やったー!」と思っても、残念ながらそれで終わりではありません。整理収納は、一生続いていくものなのです。

最初の見直しは、収納が終わった直後にやってきます。考え抜いて決めた収納場所でも、実際に出し入れすると「やっぱり使いにくい」と感じることがきっとあります。その原因を考えましょう。ものが多すぎるのか、収納場所が悪いのか、収納グッズが合っていないのか……。原因がわかったら、再度トライです。

次の見直しは、「部屋が散らかってきた」と感じたときです。片づけてしばらくは、多少散らかってもすぐリセットできました。でも、徐々に雑然とした感じが抜けなくなります。それは「またデトックスを始める必要があるよ」というサインです。生きていればものは増えるのです。引き出し1段とか、本棚1列とか、パントリーの一部とか、場所を決めて定期的に整理していきましょう。

そしてもうひとつ、ライフスタイルに変化があったときも整理収納を大々的に見直すいい機会です。引っ越しをした、子どもが入学した、新しい趣味ができた……。生活に変化があると、そのつど新しいものが増えていきます。増えたものに合わせて棚を増やし、収納グッズを買い足していくと、足し算の収納になってしまいます。気がつくとものはどこまでも増殖します。大事なことは、そのつど整理収納を繰り返すこと。自分の「理想」から目をそらさなければ、大きな混乱はないはずです。

おすすめは、1年に2回ほど整理収納を見直す機会をつくることです。大掃除の時期、衣替えの時期、夏休みなど、自分にとって都合のいいタイミングがいいですね。ものと向き合うことで生活を上手に整えていけるのではないでしょうか。

見直しのタイミング

使ったものが戻しにくい

収納が終わっても、実際に使ってみたら「元の場所に戻しにくい」と思うことも。満足できるまで何度も見直しを。

散らかってきたら

部屋が雑然としてきたら、ものが増えたのかも。引き出し1段からのプチデトックスを始めましょう。

ライフスタイルが変わったら

生活が変化すると持ち物も変わります。増えたものに合わせて収納家具を増やすのではなく、ものの見直しを。

STEP 4

整理収納以降のインテリアワーク

「インテリア」というとセンスよく部屋を飾るというイメージがありますが、センスなんてなくても大丈夫。自分にとって居心地のいい空間がつくれたら、それが理想のインテリアです。そして大事なことは、元の汚部屋にリバウンドしないようにすること。ステップ4は、整理収納が終わったあとの部屋づくり全般のアドバイスです。

STEP 1

STEP 2

STEP 3

STEP 4

WORK・6

リバウンドしがちな人あるあるチェック！

- □ 部屋をおしゃれにするために雑貨や植物を買い込んでしまう。
- □ 余白がさびしくて、つい飾りたくなる。
- □ 雑貨を飾っても飾ってもなんだかしっくりこない。
- □ お店のようなディスプレイ収納にしたけれど面倒くさい。
- □ 生活感のない暮らしに憧れる。
- □ 手入れに手間のかかるおしゃれ家電を買って放置している。
- □ 英字でおしゃれにラベリングしたけれど、毎回使うときに迷う。
- □ 調味料や洗剤をおしゃれ容器に統一したけれど、詰め替えが面倒。
- □ 調味料のパッケージをはがして生活感を隠したらわかりにくくなった。
- □ 昔、何となく買ったとくに好きでもない家具をずっと使い続けている。
- □ 全部隠す収納にしたことで出し入れに手間がかかって戻せなくなってきた。
- □ ゴミ箱を見えないように収納内に隠したらテーブルにゴミがたまりがちに。
- □ 家電や収納棚にカバーやカーテンをつけて隠している。

**チェックが多い人はハードルを下げて
ずぼらインテリアにしませんか？**

＼ インテリア ／

1

部屋づくりに無理は禁物。「ずぼらインテリア」で長くきれいに

プロローグで少し触れましたが、汚部屋生活の反動か、結婚して2軒目のアパートで私のDIY熱に火がつきました。アパートが古かったこともあり、生活感を少しでも隠したかったんです。木材を買い込んで棚やパーテーションを手作りしたり、室内をカフェ風に整えたり、洋服はピシッとたたんでディスプレイ収納したり……。洗剤や調味料はおしゃれな容器に移し替え、箱やボトルに布をはってリメイク。いや〜、がんばりました。

SNSに室内の写真をあげると多くの方がフォローしてくれ、雑誌にのせていただいたこともありました。でも、実際にはハリボテ生活だったんです。写真に写らないスペースにはものがごちゃごちゃ、万年床だし、洗濯物はカーテンレールが定位置でした。週6日のかけもちパートに追われているうちに、パッケージをはり替える時間も余裕もなくなりました。「やらなきゃ、やらなきゃ」と思いながらも、全然できない。

インテリアを楽しむって生活感を隠すために手間暇かけたり、雑貨をたくさん飾ったり、「足し算」していくものだと思っていたんです。好きでやっていたことなのに、どんどんハー

ドルが上がって、現実の自分が追いつけなくなる。気づけば大好きなインテリアがストレスのもとになっていました。

そして、いまの家への引っ越しを機にものを減らし、足し算のインテリアを卒業。がんばりすぎないインテリアってなんだろう？　とあらためて考えることにしました。次のページから、生活していく中で見つけた私なりの「ずぼらインテリア」を紹介します。

DIYに夢中だった頃、こんな部屋をつくって疲れ果てました

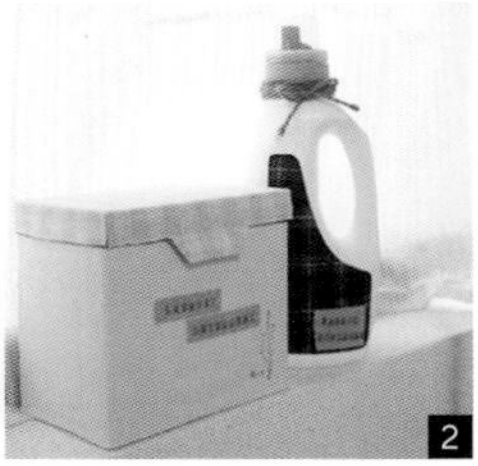

1 おしゃれな家は室内に観葉植物！と、たくさん飾ったがすぐに枯らした。 2 洗剤などの容器をいちいち詰め替えていた。 3 見た目がおしゃれ！と思って挑戦したけれど見栄えよくきれいにたたむのが面倒に。

＼ インテリア ／

2

三吉流ずぼらインテリア・1

部屋を広く見せよう

私が「インテリアはそんなに気合いを入れなくて大丈夫！」と気づいたのは、このアパートに引っ越してきてからです。新築だったこともあり、内装がとてもきれい。余計な手間をかけず、この部屋の雰囲気をそのまま生かそうと思ったら気持ちがラクになりました。

テーマは「ずぼらでも続くインテリア」。極力床にものを置かず、「すっきり」「広々」とした部屋にするだけでなんとなくおしゃれに見えるんです。

具体的には、室内に背の高い家具を置かないことがとても重要でした。「え？ 58ページでスチールユニットシェルフを入れたって書いていますよね」と疑問を持ちましたね？ その通り。だからこそ、とことん悩んだわけです。結果からいえば、この家具は部屋のインテリアを邪魔しませんでした。板などで覆われていないので抜け感があること、壁の色と合っていることが大事な要素です。置き場所にもこだわりました。室内に入ったときに死角になる場所を選んで置いたのです。そしてもうひとつ、できるだけ床面を見せることを意識しました。これだけで部屋は「広い！」という印象をつくることができるのです。

WORK・7

どっちの部屋が広く見える？

リビングのドアを開けて入ったときの印象、どっちがステキ？

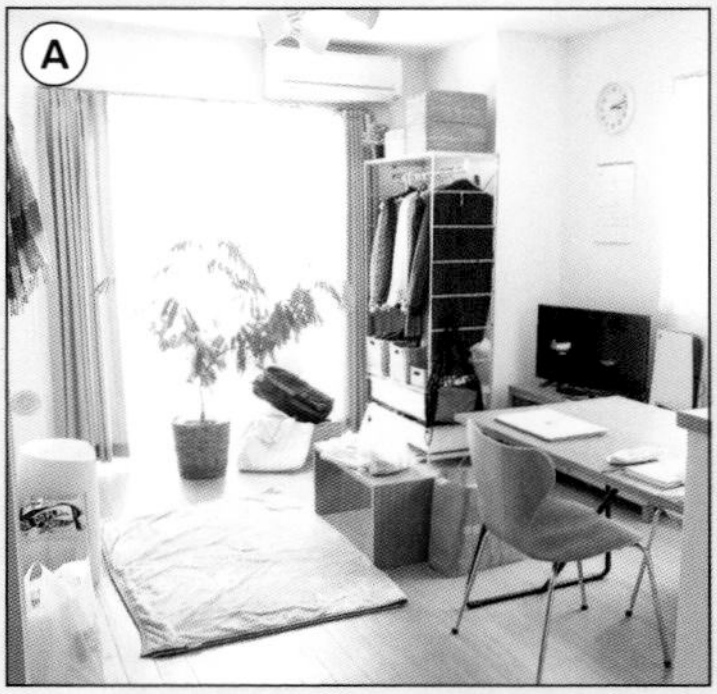

その理由は？

答 Ⓑですよね！

足元にラグやローテーブル、荷物が置かれていると、部屋全体がごちゃっとした印象になります。さらにAは入り口の対角線上に背の高い衣類収納シェルフがあるので、存在感がありますよね。Bは床置きのものが少なく、シェルフも死角にあるのですっきりした印象。

STEP 1 STEP 2 STEP 3 **STEP 4**

＼ インテリア ／

3

三吉流ずぼらインテリア・2

雑貨を飾るだけがインテリアではない

インテリアというと何かを飾るというイメージを持つ人も多いのではないでしょうか？ 私もそう思っていました。でも、ついつい雑貨を買い足して、いつしか足し算のインテリアになっていませんか？ 片づけに興味を持ち始めた頃、クローゼットのハンガーを統一しました。これまで雑貨を飾ることに夢中になって、生活用品のデザインには無頓着。でも、ちょっといいハンガーで統一したら、見た目がよくなってわくわくしたんです。あれ？ 雑貨を飾らなくてもインテリアって楽しめるのかも…？

いまの家に引っ越して、それは確信に変わりました。本の表紙や収納用のカゴ、クローゼットの洋服や壁面に掛けたバッグ、どれも雑貨ではないのに、こだわって選ぶようになったら、暮らしに彩りを添えるインテリアの一部に見えてきたんです。家具を買い替えたことで、より統一感も生まれました。ふだん、当たり前に使っているものをこだわって選ぶだけでも十分インテリアは楽しめます。やみくもに雑貨を買い足すのではなく、まずはいまなんとなく使っているものをお気に入りに変えていきませんか？

いつも使うものをこだわるだけでも
インテリアは変わる

1 キッチンの食器棚の上に飾り棚を設置。お茶セットや食器をオブジェがわりに。2 表紙のデザインが美しい本を並べて。3 鏡、傘、ほうきの間に空間をつくることで見せる収納に。

肩のラインがそろって、整然と服が並ぶ姿に感動。なぜかおしゃれに見える。

針金や木製ハンガーなど適当に使用。ちぐはぐだし、からまりやすい。

＼ インテリア ／

4

三吉流ずぼらインテリア・3

生活感はあっていい

ＳＮＳでもよく見かける生活感のないおしゃれな暮らし。真っ白な収納ケースが整然と並び、生活感の出るパッケージなんてどこにも見当たらない。あるいは、カフェ風インテリアで、なんでも英字でかわいくラベリング。生活感のない暮らしに家の中が乱れている人ほど憧れるようです。でも、生活感って消さなくてはいけないもの？　もちろん趣味の範囲でやるのはいいんです。でも、過去の私のように「パッケージが見えるなんて格好悪い」なんて気を張りすぎると、手の抜きどころがなくなってしまいます。

家って誰かに見せるために整えるものではなく、あくまでも主役は住んでいる人たち。人が暮らしているなら生活感があって当たり前なんですよね。現在の私は調味料も洗剤もパッケージのまま使っています。ティッシュもパッケージがシンプルなものが増えてきたので、カバーをつけずそのまま。ラップもパッケージのままが一番切れ味がいい。生活感がある暮らしがインテリアの邪魔になることはありません。余計な手間が減るので気持ちにもゆとりがもてますよ。

パッケージは
そのまま使っています

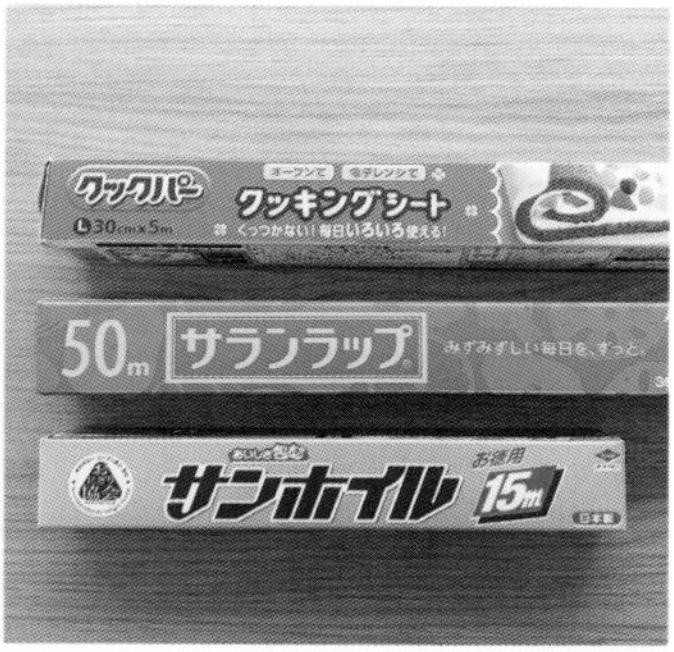

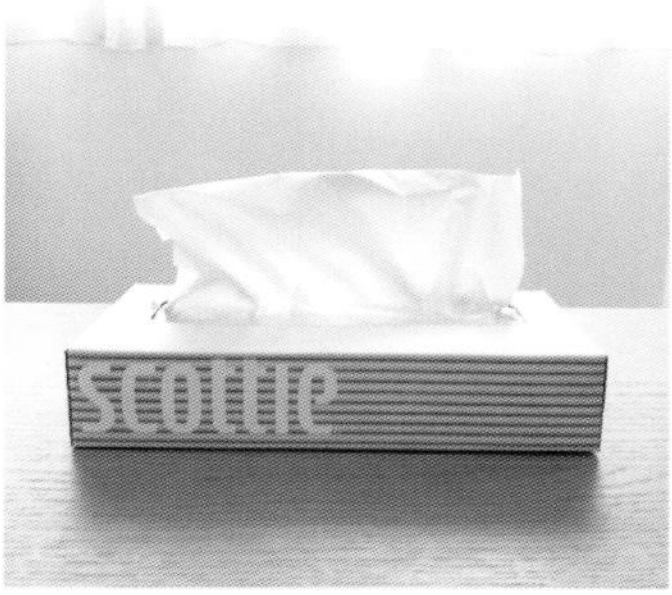

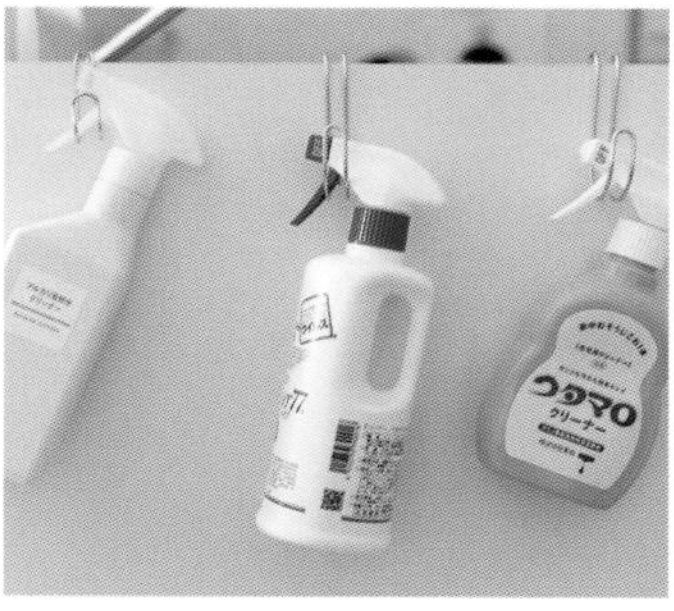

ティッシュや洗剤は、
常に部屋に
置いてあるけれど、
インテリアになじんでいる。

＼ インテリア ／

5

「きれい」を維持するために
代謝のいい家にしていこう！

ものを整理し、適切な場所に収納し、インテリアも整えた。でも、これで終わりじゃないですよ。最後に大事なことをお話ししましょう。それは「買い物」についてです。

そもそも、ものが増える原因は、買い物にあります。「使う予定はないけれど、かわいいから」とか「2つ買えば20％オフだから」とか「読んでいない本がたくさんあるけど、興味のある本だから」とか、そんな買い物が私たちを汚部屋に引き寄せるのです。

いままでの買い物の仕方は長い年月をかけて癖になっています。買い物が大好きな人にとっては、ものたりなく感じるかもしれません。「買っちゃダメ！」なんて酷ですよね。好きなものはもちろん買ってもいいです。ただ、買ったら使いましょう。洋服整理のとき、タグつきの服や、2、3回しか着ていない服は出てきませんでしたか？ 一番よくないのが、せっかく買ったのに使わないことです。使わないと「まだほとんど着ていないから手放すのはもったいない」と、またものがたまります。使うために買っているのだから、ちゃんと使って古くなったものは「ありがとう」と手放して……と、代謝を上げていきましょう。

そして少しずつ、買う前に「かわいいけど、この服って私に似合う?」「安さにつられて欲しいと感じているだけかも」と踏みとどまれるようになったら、それはあなたが成長している証拠。自分で気づけるようになったら、もうリバウンドはしないですよ。

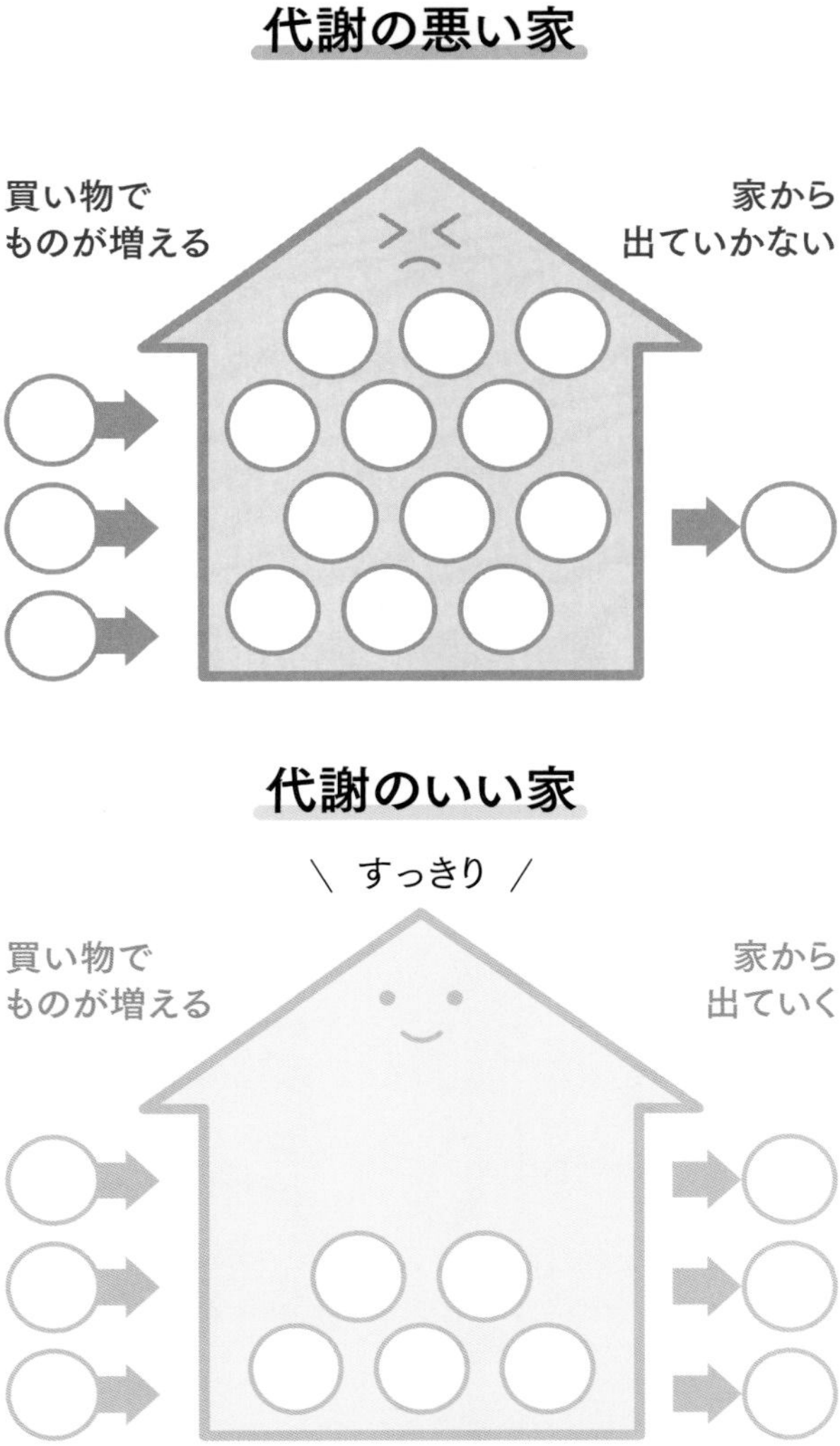
代謝の悪い家
買い物で
ものが増える
家から
出ていかない
代謝のいい家
すっきり
買い物で
ものが増える
家から
出ていく

CASE・1

カオスになった納戸を1日で整理する

Kさん(40代女性/会社員)

家族 夫(自営業)、小6と中3の子ども

住まい 3LDKのマンション

悩み

- 2畳ほどの納戸に何でもかんでも突っ込んでいるので、どこに何があるかわからない。
- 子どもが取ろうとすると崩れるので、いちいちKさんが取ってあげなくてはいけない。
- 扇風機や暖房器具、季節の布団などを取り出すのが大変で、寒くてもがまんすることがある。

＼悩みは納戸／

ものとじっくり
向き合って
ください！
UV Lamp

Kさんの理想

ロッカールームのような納戸が憧れ。子ども専用の棚をつくって「ママ、あれどこ〜!?」から解放されたい

12年前に引っ越して以来 納戸のものは増殖中

足元から天井まで、ぎゅうぎゅうに詰まった納戸。12年前に引っ越してきたとき、前の家の押し入れ2つ分のものを納戸に収納したKさん。子ども2人の成長とともに、ものは増殖する一方だといいます。

現在、どこに何があるかわかっているのはKさんだけ。しかも何か取ろうとすると崩れるので、常に「ママ〜」と呼ばれてしまいます。

片づけたい気持ちはあるものの、Kさんはフルタイムワーカー。子どもの受験のサポートもあり、納戸の片づけまで手がまわりません。

「ロッカールームみたいに、どこに何があるかひと目でわかり、すべての棚にアクセスしやすい納戸にしたいんです」とKさん。

よーし、がんばりましょう！

BEFORE

2畳の納戸がほぼ満杯。ウォークイン不可能です

カラーボックス

その後ろの棚

大量のもので隠れているが、左右の壁には棚があり、さまざまなものが収納されている。床置きの紙袋はシーズン外の衣類や子どものノートやプリント類。

BEFORE

AFTER

「こんなに広かったんだ！」子ども専用の棚もできた

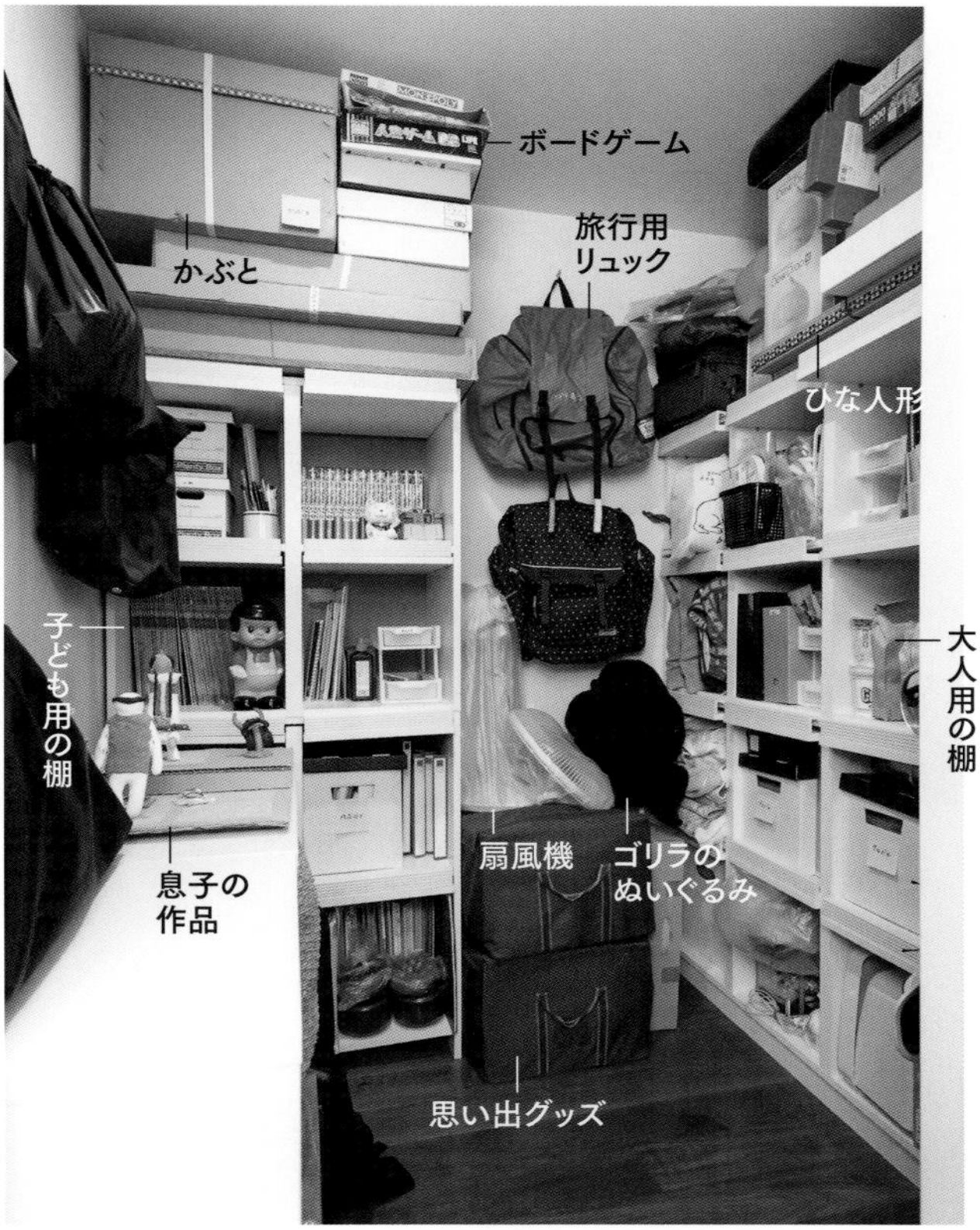

左側の壁面

右手前の壁面

驚くほどすっきり。子ども専用の棚ができ、バッグ類は壁掛け収納。夫のCDも取り出しやすく配置。埋もれていたゴリラのぬいぐるみも居場所をゲット。

AFTER

Kさん宅　お片づけプロセス

1

範囲を決める

今回は特別に１日で納戸全部を片づける

人間の集中力が続くのはせいぜい２時間。

Kさん宅の納戸の状況を考えると、最低でも3〜4回に分けて片づけたいところですが、Kさんの仕事とお子さんの受験の都合で、何度も片づけの時間をとるのはむずかしい。

「元気とやる気には自信があります！」というKさんの言葉を信じ、今回は特別に１日で納戸全部を片づけることに決定。

2

全部出す

どんなに量が多くても〝全出し〟が鉄則！

基礎編でもお話しした通り、最初にやるのは「全出し」です。それは納戸１つ分でも同じです。「え？　これ全部出すんですか？」と驚くKさんに「もちろんです」と答える私。途

こんなに入っていた！

納戸に入っていたすべてのもの。食品ストックや災害時の水、孔雀の羽など雑多！

中で処分したり別の部屋に移動させたりしないのもルールですよ、とお伝えしました。そうは言っても2畳の納戸の床から天井までびっしりのもの。総量がいまひとつわかりません。リビングのテーブルなどを動かしてもらい、一時置き場を広くつくってもらいました。ここに全部出して並べましょう！

＼ 床置きしていたものを出したあと ／

これは運び出しの途中の様子。「棚の全貌を見るのは5年ぶりくらい」と笑うKさん。

＼ 運ぶ、積む、並べる ／

＼ 食品発掘 ／

＼ 墨汁が3本!? ／

3

仕分けする

９つのジャンルに分けて要・不要を判断

「こんなにたくさんあったんですね」と驚くKさん。「捨てなくちゃいけないのはわかるんですけど、どれを捨てたらいいのか……」と少し混乱ぎみ。初めはあまりのものの多さに圧倒されてしまいますが、ひとつひとつのものときちんと向き合えば不要なものが見えてきますよ。

とはいえ、あまりに大量なので仕分けスペースがありません（そういう意味でも、１日で一気に片づけるのはおすすめしません）。仕分けの負担を減らすためにもまずひな人形やかぶと、ご主人の趣味関係のもの、防災グッ

1

捨ててはいけないもの（別室に移動）

三吉流９つの分類の「1」はゴミだけど納戸にはゴミがない。かわりに「絶対に捨ててはいけないもの」をまずは分類。

2

なんとなくとってあるもの

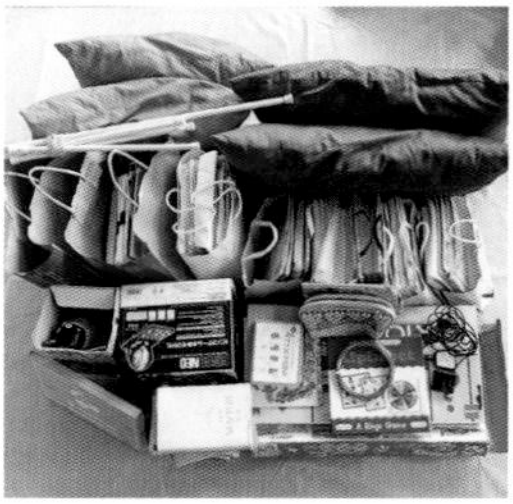

全出ししたら「これ、なんでとっておいたの？」というものがたくさん。子どものプリント類や、もう使えない電化製品も。

ズなど「捨ててはいけないもの」を別室に移動します。それ以外のすべてのものは、39ページの分類の2～9に分けてもらいました。

まず驚いたのは「気づいたら増えていたもの」の多さです。メモパッド、ボールペン、付箋紙、ホチキスの針、墨汁、扇子、クリスマスリース……どれも必ず使うものですが、その数が膨大。「こんなにたくさんはいらないですね」とKさんも苦笑。すべては保管できないので、必要な分だけ残していきましょう。

メモパッドがこんなに！

なぜ扇子が4本

3
気づいたら増えていたもの

文房具、レターセット、エコバッグや保冷剤、イベント用の飾りなど。本当に必要な数を決めて残し、あとは処分。

4
捨て方がわからないもの

とくに迷っているのは「顔のあるもの」の捨て方。今回は不要な布に丁寧にくるんで、顔を隠して「さようなら」。

5
いただきもの

「いただきものだから」という理由で残していたものはこれを機に処分。最後まで迷ったガラスの花瓶は残すことに。

どれを残すか、決断するのはKさんです。私が「どのくらいの頻度で使う?」「気に入っているのはどれ?」と質問すると、Kさんは「メモは3冊あればいい」「これは会社で使う」と決断し始めました。いくつもある手づくりのリースも「次のリースをつくるために手放そう」と2つだけ残してお別れです。

迷ったのは「過去の趣味」のグッズ。私が「手芸を再開するときに、この布を使いそう?」と聞くと「数年後には好みが変わっているだろうなぁ。また新しいのを選びたいし」と、多くの布を手放しました。

最後の難関の「思い出」は少し考えたいというKさんに、①専用の箱を用意して、入る分だけ残すこと、②現在バラバラのアルバムに入れている写真は、収納スペースのサイズに

6 いつか使うかもしれないもの

金魚鉢、虫カゴ、鉢、収納グッズなど。使わないまま眠っていたのでこれを機に手放します。金魚鉢は1つだけ残すことに。

7 高かったもの

カビがはえていたブランドバッグは処分することに決定。ピンクのバッグと靴は、迷ったあげく、結婚式用に残すことに。

8 過去の趣味のもの

はぎれやフェルト、クレヨンなどを処分。本は古本屋さんに売り、リースの材料は「今年、またつくる」と残すことに。

合うアルバムに統一してすっきり収納させること、の2つをアドバイスしました。

最終的に3分の2ほどに減らしたKさんは、「9つの分類のおかげで、捨てる理由を論理的に考えることができました。納得できたので後悔しないと思います」と笑顔でした。

9

思い出のもの

あせって処分するのは危険。「思い出箱」を用意していったん保管し、1年に一度、中身を入れ替えていくことに。

”つくることが好き。
次の作品をつくるために
これは手放します“

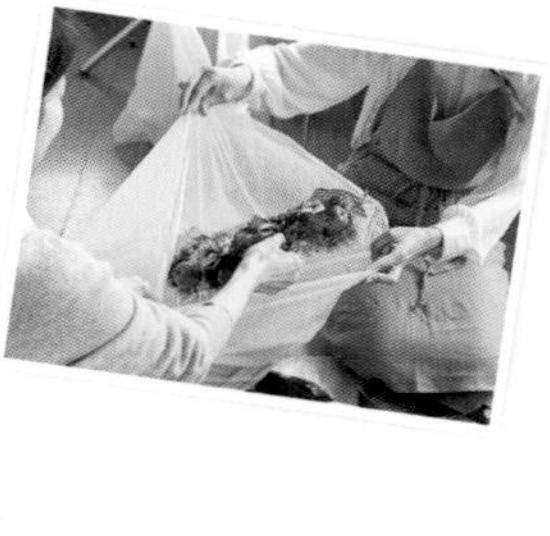

4 収納場所を決める

大人と子どもの棚を分けて中身も分類

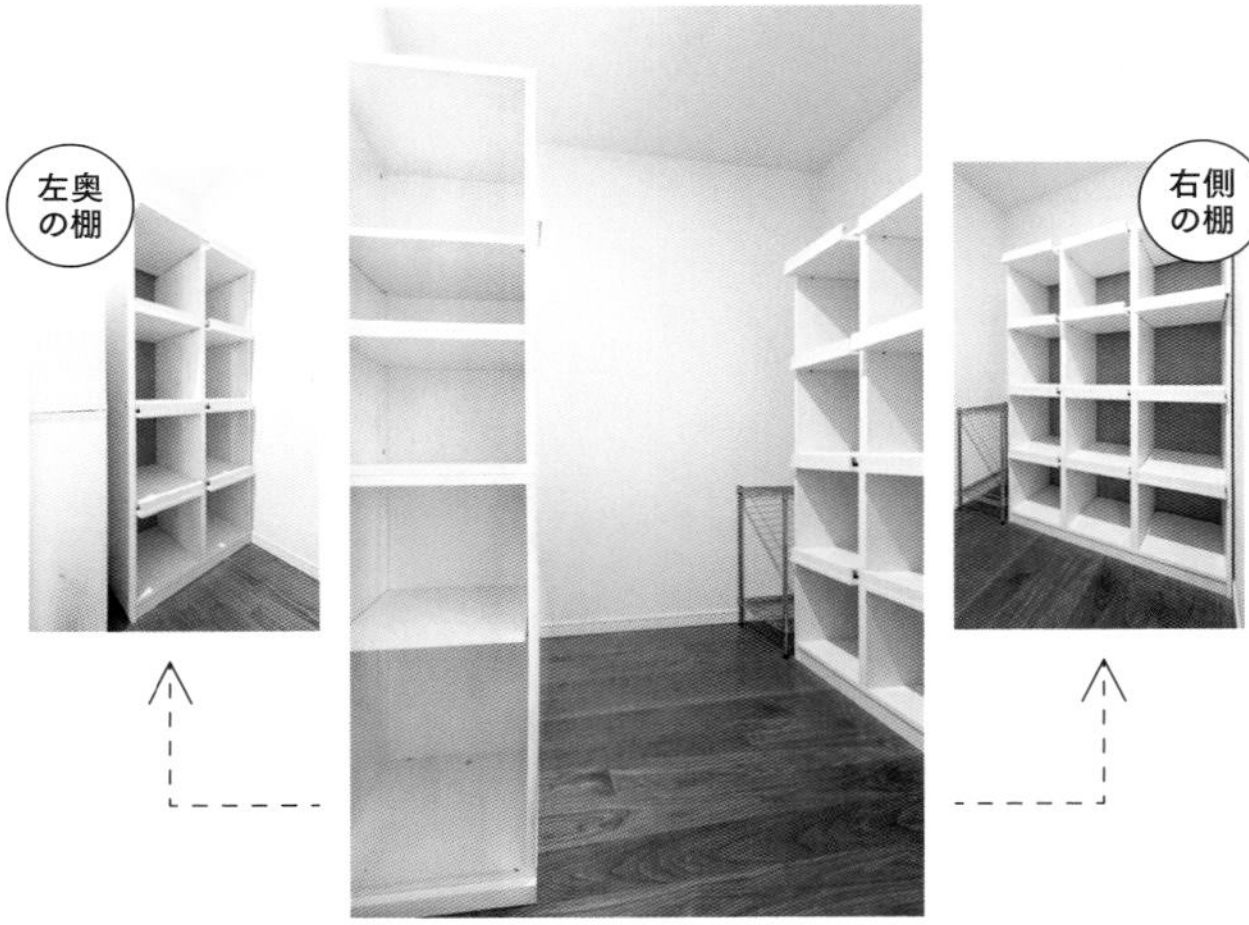

すべての棚にアクセスしやすいような配置にする。「全出し」したので移動はラク。

残すものが決まったら、収納場所を決めましょう。現在の配置では、手前にカラーボックス2つを連結させた背の高い棚があるので、左奥の棚が死角に。入り口から全部の棚が見渡せるよう、棚を移動しました。

高い部分に手が届きにくかったカラーボックスの棚は、連結をはずして2つを横に並べて左手の壁へ。子ども用の棚は、もっとも目に入りやすい正面へ移動することにしました。ご主人のCDやゴルフバッグなどはドアの脇のスペースへ。視界に入りにくいのですが、入り口から近いので手に取りやすいです。

5 収納グッズを決める

引き出しと箱を用意。使用頻度で使い分け

働く主婦にとって、買い置き食材は日々の命綱。引き出し収納は取り出しやすいうえ、奥まで見渡せるのでストックの量も一目瞭然。

２人のお子さんに１つずつ、宝物ボックスを用意。旅行先での記念品やかわいいリボン、友だちからのプレゼントなどを入れておく。

残しておきたい家族の思い出の品はここへ。４箱用意し、ここにおさまる分だけを取捨選択することに。

＼ ラベリングも忘れないで ／

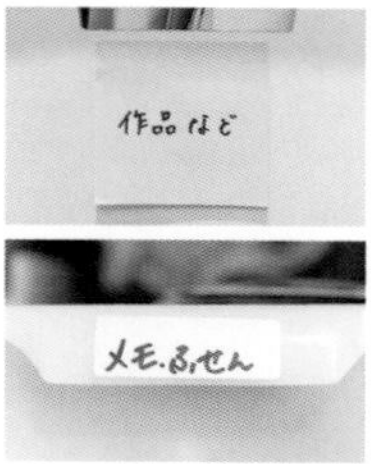

納戸に収納するものは、毎日使うわけではありません。それでも文具や食品のストックは出し入れする機会が多いので、引き出しが便利です。たまにしか見ない写真類や趣味関係のグッズ、子どもたちの宝物などは、ふたつきの箱に入れてホコリなどが入らないよう収納したいですね。

注意したいのは、引き出しや箱は中が見えないこと。家族はもちろん、入れた本人も「これなんだっけ？」ということになります。必ずラベリングして、誰でも簡単に出し入れできるようにしましょう。

6 収納する
よく使うものは目線の少し下を定位置に

子ども用の棚

頻繁に使う文具のストックは、上から2段目の棚にまとめたので探しやすい。プリントは必要なものだけファイルして、その下の棚へ。子どもたちのアルバムや作品は、ふたつきの箱に入れて収納。上の棚には、埋もれていてほとんど読んでいなかった学習まんががズラリ。これでいつでも手に取れます。

大人用の棚

もっとも出し入れしやすい上から2段目の棚に食品ストックを。その下には家族のアルバムをセット。座布団や夏用布団は棚の左側に収納して、一番下にはめったに使わないミシンや金魚鉢などを。ひな人形やボードゲームなど、箱に入ったものは棚の上を定位置にしました。

この日手放したもの

（上）Kさんが「手放す」と決めたもの。「見るとつらくなるもの」は決断した瞬間にゴミ袋に。（下）処分することになった収納グッズ。ものが減ると収納グッズも不要に。

左側の棚

カラーボックスを並べた棚には、ぬいぐるみや、非常用の水などを収納。息子さんの工作もその上に飾ることができました。ご主人が普段使うバッグ類は、「見せる収納」にして、パッと手に取れるように。

その後、いかがですか？

すっきりした納戸の影響？夫もものを手放し始めた！

「三吉先生のおかげで、すっかりきれいになったわが家の納戸。娘は『すぐに付箋やのりが見つかってびっくりした。ずっときれいに使おうね』と言ってくれました。驚いたのは夫の変化。あんなに『何も捨てない』と言っていたのに『スノボがあるとジャマだよね。捨てていいよ』と言うのです。部屋だけでなく家族の心の中まですっきりしたみたいです」

すぐ戻せる

取り出しやすい

CASE・2

ごちゃごちゃの収納と寝室を4週間でお片づけ

Mさん（40代女性／パート）

家族 夫（単身赴任中）、子ども（小3、小6、中2）

住まい 一戸建て

悩み

- 家中散らかっているので、週末や長期休みはいつも片づけに追われている。
- 寝室が散らかっているので寝られず、子ども部屋で寝ている。
- クローゼットや押し入れにものが雑多に詰まっていて活用できていない。

Mさんの理想

くつろげる寝室、自由な週末。部屋が片づいた状態にして休日をゆったり過ごしたい！

〈4週間計画〉

	場所	やること
第1週	押し入れ、ウォークインクローゼット	1 季節外の服を整理する
		2 いまの季節の服を整理する
		3 ネットやリサイクルショップで処分する
第2週		4 どこに何を配置するか考える
		5 必要な収納グッズを検討
		6 収納グッズを買い出し
第3週	寝室	1 ベッドまわりのものの整理
		2 不用品の整理
		3 ベッドまわりの掃除
第4週		4 お子さんの季節外の布団を各部屋へ
		5 布団収納ケースの購入

「片づけてはリバウンド」の繰り返しはもうイヤです！

Mさんは私の「オンラインお片付け相談」のお客様。オンラインお片づけとは、片づけたい場所の写真や悩みを送ってもらい、2週間に1回の相談日に私から片づけの進め方を提案。それをもとに各自片づけを進め、悩んだら相談にのる、というものです。Mさんの悩みは、家中にいろんなものが出しっぱなしになっていること。「平日に散らかったものを、週末にまとめて片づける」を毎週繰り返しているのですが、ものの住所が決まっていないので根本的な解決になっていませんでした。

収納スペース

捨てられなかった子どもの服
「過去よりもいまが大事ですね」

押し入れ

押し入れの奥行きを生かせる収納グッズに変更。出しっぱなしがゼロに！

（上）押し入れを使いこなせないのが悩み。サイズの合わない収納ボックスが外に放置され、めったに使わないものが出し入れしやすい場所を占拠。（下）押し入れの収納グッズを見直してすっきり。下段にはキャスターつきのワゴンを使用。

収納がすっきりしたら子どもが自分の衣類を自分で管理できるようになった

ウォークインクローゼット

(上) Mさんの洋服と、子どもたちの「いま着ている服」「小さくなった服」「成長したら着る服」が混在。(下) ウォークインクローゼットの外にものが放置されていた。(左) 着ない服を手放したらここまですっきり。

出しっぱなしを片づけるより収納場所を片づける！

Mさんの家は広く、収納スペースも十分。にもかかわらず出しっぱなしのものが多いのは、ものの住所が決まっていないせいです。まずは押し入れやクローゼットを整理して置き場所をつくり、次に外に出ているものを収納する、という順番です。

クローゼットを全出ししたMさんは、捨てられなかった古い子ども服と対面しました。「思い出はいっぱいあるけれど、古い服のせいでいまの子どもたちが暮らしにくいのは本末転倒」と気づき、手放すことを決意しました。

寝室

自分一人になれる落ち着いた空間

「家が大好きになりました」

クローゼット

（上）たんすにしまうのが面倒で衣類は床置き。しかもポールが半分以上使えなかった。（下）たんすを処分し無印良品の衣装ケースにチェンジ。壁には「掛ける収納」を。

たたむ収納より掛ける収納。
ポールをフルで使ったら
床置きがゼロになりました

ベッドまわり

床置きのもの全部を
クローゼットに移動して
すっきり空間が完成！

（上）ひどいときには床一面にものが散らかり、ベッドにたどりつけないことも。（下）クローゼットが整理されたことで床置きが一掃。自分だけのくつろぎ空間が完成！

ベッドまわりのものの本来の居場所を考える

「寝室でくつろげない」とMさん。ベッドのまわりには、季節外の布団や衣類がたくさん。寝室に入るのもイヤで、せっかくベッドがあるのに、お子さんの部屋で寝ていました。本当は自分の寝室で寝たい！　まずは床に置かれたものが収納できるようクローゼットの中を大改造。不要なものを手放したり、本来あるべき部屋に移動させたことで、寝る時間以外にも入りたくなる寝室に。おかげでこの寝室で寝る前にテレビを見たり、一日の振り返りをノートに書いて自分一人の時間も楽しめるように。

その後、いかがですか？

「ママもいっしょにお出かけできるの？」子どもが目を輝かせてくれました

リビング

キッチンカウンター下の収納を変えたら出しっぱなしがゼロになった！

（上）キッチンカウンターの上が物置き状態。カウンター下もごちゃごちゃ。（下）カウンター下にぴったり合うサイズの収納家具を購入。出しっぱなしのもの全部に住所ができた。

片づけができたことで人生を取り戻せた気がする

「三吉先生にサポートしてもらったのは、寝室とクローゼット、押し入れの片づけでしたが、基本がわかったので自分でリビングとキッチンを片づけました。1回の片づけは30分から2時間以内。引き出しをひとつずつ片づけながら『これはどこにしまうのがいいか』をじっくり考えて収納家具を買いました。いままでは収納にお金をかけるなんて考えもし

キッチン

（右）住所不定のものだらけのキッチン。よく使うものほど出しっぱなし＆床置きだった。
（下）全出ししたら不要なものが山ほど。必要なものだけ残したら料理もスムーズ。

扉ひとつ分ずつを全出し。床置きしていたすべてが棚の中におさまった

ませんでしたが、ベストな収納があると『出しっぱなし』にならないんですね。目からウロコです。

おかげで貴重な週末を片づけに捧げる必要がなくなり、家族みんなで買い物や遊びに行けるようになりました。末っ子に『ママもいっしょに行けるん？　本当？』と大喜びされたときには『片づけられるようになってよかった』と心から思いました。

きれいになった寝室は私のくつろぎスペース。仕事・家事・育児に追われていても、夜ここで1時間でもドラマを見ると元気になれるのです。片づけができたことで、人生を取り戻せた気がします」

CASE・3

汚部屋から脱出すべく収納場所を整理中

Cさん（30代女性／週5日のフルタイムパート）

家族 夫（会社員）、子ども（1歳、4歳）

住まい 一戸建て

悩み

- さまざまなものが家中の床に置かれていて一向に片づかない。
- 人が来るときに、ものを一気に押し込めるだけなので、すぐに元に戻る。
- 家に帰ること、家にいることがイヤになってくる。

〈Cさんとのお片づけの流れ〉

- 週1回1時間、オンラインを利用し、片づけをするCさんを見守る。
- 片づける場所を決めて全出しし、画面で確認。手放すものを決めていく。
- その1時間だけは、実家に子どもを預けて片づけに集中する。

Cさんの理想

子どもの頃からの片づけ下手から脱却。床やテーブルの上をすっきりさせ「帰ってきたい家」にしたい！

育児と仕事に追われ最低限の家事で精いっぱい

おもちゃ、着替え、紙おむつ、おしりふき、卵ボーロ……。あらゆるものが床とテーブルの上に置かれているCさんの家。子どもはまだ1歳と4歳、しかも仕事はフルタイム。料理や洗濯など最低限の家事をこなすだけで1日が終わってしまいます。おかげで家中ものだらけ。「宅配便が来てもドアを大きく開けられません」とCさんは言います。

「オンラインお片付け相談」は、2週間に1回オンラインで相談しながら計画を立て、翌週の相談日までに各自で部屋を片づけていましたがCさんはその時間がとれないので、相談日の1時間を片づけタイムにしました。その様子をオンラインで確認しながら、私が助言しています。時間のない人にぴったりの方法です。

リビング収納

1段ずつ整理が進むリビング収納。「あせらず5年計画で続けていきます！」

カラーボックス

（右）玄関近くのカラーボックスは保育園で使うものの収納場所。しかし、ものが増殖して棚に入らず床置きに。（下）1段ずつ整理。絵本など、ここになくていいものは子ども部屋に移動。

保育園グッズだけをここに収納したら子どもが自分で身支度できるように

週1回1時間だけではあるものの、収納場所の整理を4カ月続けているCさん。収納場所のスペースが広がり、徐々に床置きのものが減ってきています。「1時間しかないからこそ集中して片づけられる」というCさんですが、迷うときもあります。それはたいてい、片づける場所（ものの住所）が決まっていないものが出てきたとき。Cさんは「ものに住所が必要だという意味が腑に落ちました」と言ってくれました。そうやってひとつずつ納得することが大事なのです。

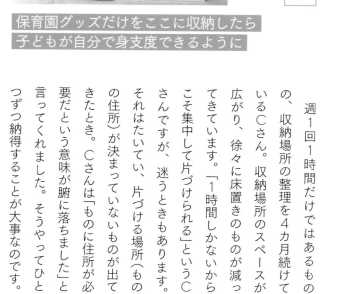

カウンター下収納

ここはまだ「整理」の途中。要・不要の判断をしながらスペースをあけ、こまごましたものは収納ボックスに整理します。床に置いていたものの住所を決めて、順次この棚の中に移動中です。

その後、いかがですか?

週1回でも着実に整理されている実感がうれしい!

「私は子どもの頃から片づけが苦手。子どもが生まれてからは『食べさせて、寝かしつけて、朝起こして保育園に連れていって』で精いっぱいです。日々散らかっていく部屋を見るのは心苦しいけれど、どうしようもありませんでした。でも三吉先生のおかげでリビングが少し片づき始めました。今後もあせらず時間をかけて整理収納していくつもりです」

CASE・4

汚部屋歴数十年！母といっしょに実家をお片づけ

三吉まゆみの実家

家族 母、父、弟（全員フルタイムで働いている）＋犬

住まい マンション

悩み

- 食事のたびにテーブルの上のものを端に寄せないと食事スペースがつくれない。
- 床やテーブルになんでも置いてしまい、よくものをなくす。
- 家が汚いのはわかっているけど、何をどう片づければいいのかわからない。

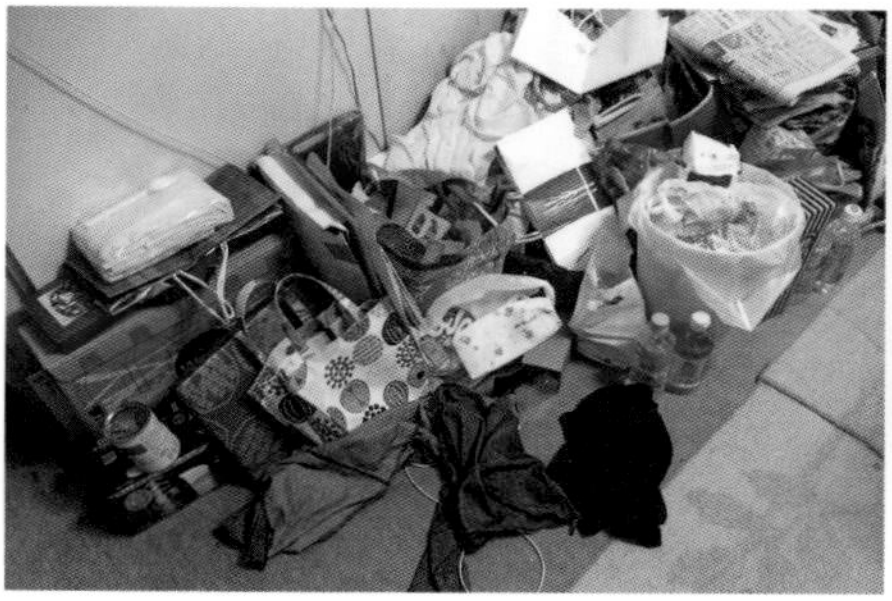

実家では、ものの定位置が「床」や「テーブルの上」。それをよけて人間が暮らす。

三吉まゆみの理想

将来のために安全に暮らせる家にする。ものが床置きされた家では転倒のリスクも高いし災害も怖い！

祖母が亡くなってから急激に汚部屋化した実家

実家の汚部屋化が進んだのは、祖母が亡くなってからです。仕事で多忙の母にかわって、家事を一手に引き受けていたのが祖母でした。祖母が亡くなると、当然のようにわが家にものがあふれ始めました。４人がけのダイニングテーブルなのに、ものが多すぎて２人ずつしか座れない。父と私が先に食べ、母と弟はそのあと。でも渦中にいると「そんなものだ」と思うのです。テーブルの上のごちゃごちゃも、「すぐ手に取れるから便利」くらいの感覚。それはいまも変わりません。

でも、両親ももうすぐ高齢者の仲間入り。そうなったらこの家は危険です。万が一地震が起きたら、大量のものは凶器になります。

私は実家の片づけを決意しました。

リビングの棚

「なんとなく置いてあるもの」ばかりの棚。意外にも母は抵抗なく捨てた！

母は「ものを捨てられない人」ではなかったんだ

「家が汚いから片づけたい」なんて言うと母がイヤがるかも……と思い、「整理収納アドバイザーの勉強のために協力してくれない？」とお願いしてみたところ、あっさりOK。どこから片づけよう。最初だから、短時間でできて達成感のある場所がいい。ということでリビングの棚からスタートしました。

左の写真がそれ。23ページの問題に使ったのもコレですね。

棚のものを全出ししたところ、出るわ出るわ不用品。「とりあえず」「なんとなく」で置いたものが、地層になって積み重なっていたのです。恐る恐る母に「これってもういらないんじゃない？」と聞いてみると、意外なことに母は「ああ、そうね」とポイポイ捨て始めました。

私はずっと、母は「ものが捨てられない人」だと思っていました。でも違った。ものと向き合う時間がとれなかっただけだったのです。

リビングの棚にあった不要なもの

- 何年も前の年賀状
- 15年前～数年前の写真
- 古い携帯電話（5台）
- ダイレクトメール
- 古いタウンページ
- 腕時計などのアクセサリー
- 季節の雑貨
- どこのものかわからない鍵多数

数十年分の
不用品が地層のよう

P23の正解

**棚がごちゃごちゃ
していた原因は……**

簡単に言えば、住所のないものが雑多に置かれていたから。本来この棚にあるべきではないものが大量に置いてあるので「ごちゃごちゃ」に見えるのです。

必要なものだけが
棚に残ってすっきり

棚に残したものは書類関係、薬や衛生グッズ、時計、文房具、固定電話、母の腕時計など。

CASE 1
CASE 2
CASE 3
CASE 4

キッチン

買うスピードと使うスピードが合わない。賞味期限切れの食品が大量に……

キッチンボード

棚には買い置きの食品が積み重なり、床はゴミであふれている。ゴミをどかすと、床には黒カビがびっしり。ひぇ〜！

「ここに置きたい」母の希望を最優先にものの配置を検討

床置きされていた玉ねぎとじゃがいも、よく使うレトルト食品をここに。頻繁に使う場所なので、何を置くかは母の希望優先。

シンク下

賞味期限切れ食品の宝庫。奥のものに手が届く収納の工夫が大事

＼ 全部出す ／

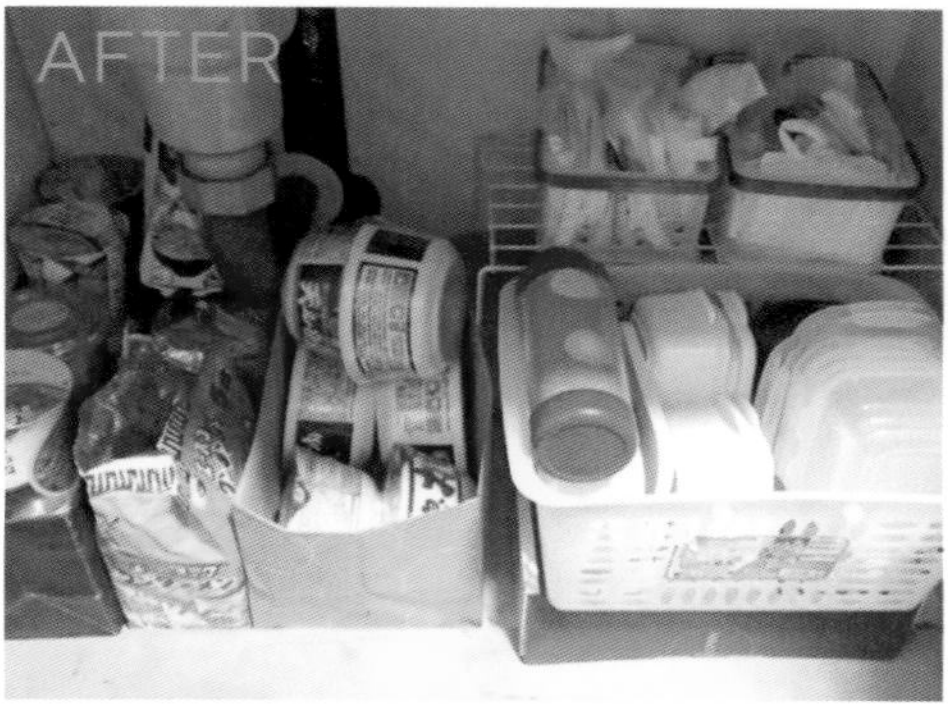

シンク下にはカップ麺、保存容器、レジ袋が大量に。賞味期限の切れた食品と古い容器は処分。レジ袋は大小に分け色別のカゴに。カップ麺の収納グッズはこれから探す予定。

実家には賞味期限が自動的に切れるシステムが

キッチンは初心者が片づけやすい場所でもあります。なぜなら賞味期限切れのものが見つかるので捨てやすいから。実家もまさにその通り、賞味期限の切れた食品があっちにもこっちにも。原因は、買ってくる量に対して食べる量が追いつかないこと。しかも買ったものは手前に置いて、食べるときも手前から。奥のものは自動的に古くなるというシステムになっていました。これを防ぐには、奥まで見渡せるように収納することが大事です。引き出し式の収納棚を探してみようかな？

元・私の部屋

反省……私の持ち物がいまも実家に。

片づけられなかった自分と向き合う

学習机

物置き化している机にスペースを

＼ すき間なし ／

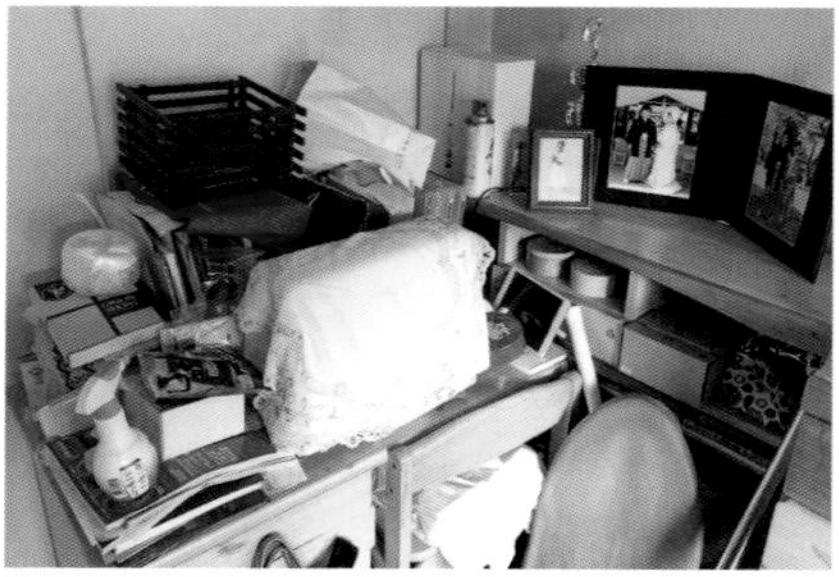

元・私の部屋は現在母の寝室。机の上はものだらけになっていたので、母に相談しつつ処分できるものは処分。

引き出し

／ 私のプリクラ帳 ＼

引き出しの中は思い出の地層

机の引き出しの中には私の青春時代がギッシリ。写真やメモ帳、シール、ストラップ……写真以外はなんとか整理完了。

たんすの周辺

まるでタイムカプセル。絶対に着ない若い頃の服がそのまま引き出しの中に

なんでこんなにビールの缶が！

引き出しがしまらない

たんすの上にも飾り棚にも、あらゆるところにビールの空き缶が……。お母さんお願い、ゴミだけは捨てといて。

思い出の片づけにはまだ時間がかかりそう

「思い出の品は最後に回す」が鉄則ですが、元・私の部屋の片づけもまだ終わっていません。とくに写真類は一度見始めると確実に手が止まるので、写真の整理はあとまわし。まずは室内の片づけから始めました。

開始後、1分で気づきました。過去のものを全部実家に置いたまま家を出たということに。そして、いまの生活だけすっきりさせて、過去はほったらかしにしていたことに……。まずは自分の過去と向き合わなくてはいけませんね。片づけられなかったあの頃の私と。

CASE 1 CASE 2 CASE 3 **CASE 4**

その後のおはなし

子どものままで止まっていた実家の時間。私もいっしょに先に進めよう！

実家の片づけを少しずつ進めて2年近くたちます。先日は母が「洗面所にものが入りきらない。収納ケースを増やそうと思う」と言うので「ちょっと見せて」と駆けつけました。「絶対いらないものがあるよ」と言うと「全部必要なんだって！」と主張。とりあえず全出ししてみたところ……半分に減りました（笑）。もちろん収納ケースも不要です。

母はものと向き合いさえすれば、必要か不必要かを適切に判断できるのです。最近は母自身が、自分の選択に自信を持ち始めていることがわかります。「片づけに手遅れはない！」と、母の姿を見て改めて確信しました。

片づけるようになった母には、もうひとつ変化が起こりました。それは衝動買いが減ったことです。先日「マスクをつくりたいから、新しいミシンを買おうかなと思ったけど、やめたんだ。たぶん5枚くらいつくって満足して使わなくなるから」と言っていました。いままでなら「欲しい」と思ったらすぐに買っていたのに、自分にとって本当に必要なのかを見極められるようになっています。

ふと、結婚した当初、実家で母と大ゲンカしたことを思い出しました。「なんで私の実家はこんなに汚いの!?」と怒りをぶつけ、泣きながら実家を飛び出して帰ってきたことがあります。なんであんなことしたんだろう?

　いつもきれいで余裕のある夫の実家を知り、恥ずかしい、情けないという気持ちがあったのかもしれません。でも母に怒りをぶつけてもしかたがない。それは「甘え」です。汚いと思うなら、自分で片づければよかったのです。でも片づけ方も知らない、コンプレックスだらけの私には、イライラをぶつけて泣いて帰るしかできなかった。子どもでした。実家に自分の荷物を残しているくせに。

　そろそろきちんと向き合おう。せめてこの家を、両親が安心して使えるように整えること、それがいまの私にできる一番の恩返しなのかもしれません。

母が一人で片づけた!

玄関の靴箱や冷蔵庫がすっきり！　キッチンボードは使いやすいように見直し！　そのたびに写真を送ってくれる母がかわいい。今度はbeforeも写真に撮っておいてね、お母さん。

よくある悩みに答えます！

います。少し視点を変えて、自分に合う方法を見つけてみませんか？

Q 三吉さんの部屋が散らかることはないのですか？

A 散らかっているときもありますよ

人が生活していれば散らかるのは自然なこと。ただ、散らかっても仕組みさえできていれば、すぐに片づくんですよ。

Q ちゃんとしなきゃと思っているのに動けません…

A 理想を高く持ちすぎると動けなくなってしまいます

ちゃんとやろうとしなくても大丈夫。多少雑でも何もしないで放置するよりいいですからね。クオリティより行動が大事！

Q お片づけで失敗したことはありますか？

A 見た目にこだわりすぎた時代があります

生活感排除に燃えていた頃、ラベルを手作りしたり詰め替えたり、余計な手間をかけてやることに追われ、結果散らかりました。

Enjoy new style

「片づけたい、でもできない」。

「こうしなきゃ」という思い込みがある人ほど行動に移せなくなって

Q 捨てられないものってありますか？

A 大事な思い出系は捨てられないですね

自分にとって大事にしたいものは残していいと思っています。片づけって減らすことが目的ではなくて、心地よく暮らすためですからね。

Q 洋服がなかなか減らせなくて困っています

A ファッションのテイストを絞ってみるといいかも

いろいろなテイストの服があると、その分、枚数も増えてしまいます。まずはファッションの「軸」を決めるところから始めてみましょう！

Q 夫が捨てるのが苦手です。勝手に捨てるのはダメ？

A 勝手に捨てるのはおすすめしません

ご主人の意識が変わらない限り今後も同じことの繰り返しです。自分のものの整理ついでに「使わないものある？」と聞いてみませんか？

Q 三吉さんにとって汚部屋時代は遠い過去ですか？

A いまも悪い癖が出ることがあります

ついあとまわしにしてためてしまったり……。もとが面倒くさがりなので完璧にはなれそうもないです。ゆるいルールでよしとします。

EPILOGUE

「片づけ本を何冊も読んでいるのに片づかない」

これまでに関わってきたお客様やインスタグラムのフォロワーの方々から、何度もうかがった言葉です。片づけに悩む人ほど熱心に本を読んだり、講座を受けています。それでも片づかない……。なぜでしょう？

私は自分事に落とし込むのがむずかしいからだと考えています。本を読んで知識を得ると「なるほど！」「こうすれば片づくのね」と、つい、著者のやり方を「正解」だと思い込んで実践したくなります。だってそのやり方で著者の家は片づいているのだから、そう思うのは自然なことですよね。でも、本当は正解なんてないんです。その本の著者の家が片づいているのはマニュアルではなくて、自分できちんと考えて試行錯誤したから。読み手からすると、その考えて試行錯誤した部分よりも、片づいた家の写真という「結果」に目を奪われて、そちらが印象に残ってしまうんですよね。

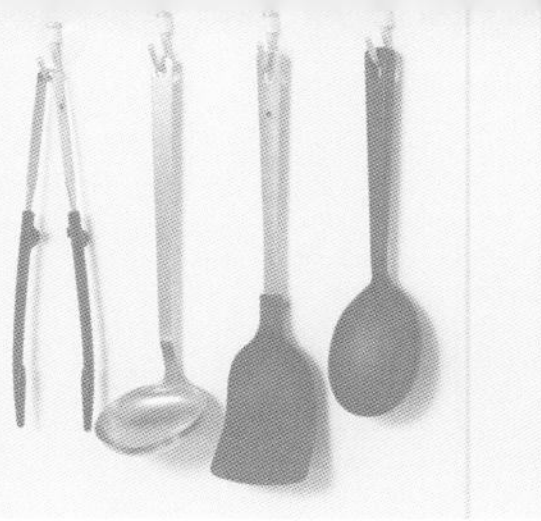

２０１７年の年始、なんとなくノートに「２０２０年に本を出版する！」と書きました。当時は整理収納アドバイザーの資格もまだ取得していないし、ブログも開設していません。インスタグラムのフォロワーも１０００人くらいだった頃。漠然と「本を出したい」と考えていたけれど、起業してたくさんのお客様と関わり、フォロワーの方々から寄せられる悩みを聞いているうちに「片づけ本を読んでも片づかないと悩んでいる人がこんなにたくさんいるのか……。じゃあ、本を出しても困っている人を救えないかも」と思うようになりました。自分にできることは何だろう？　片づけが苦手な人が本当に求めていることって何？　と自問自答しながら仕事を続ける中で、２０２０年の夏、主婦の友社より、「三吉さんの本をつくらせてください」とご連絡いただきました。悩みました、本当に。でも、「汚部屋出身の三吉さんだからこそ、ほかの片づけ本にはない切り口で伝えられることがあると思うんです」と言っていただき、本書をいっ

しょにつくる決心がつきました。

本書は正解をそのまま載せるのではなく（そもそも私も正解がわかりませんが）、かといって「自分でよく考えてね」と、ヒントもなく突き放すこともしていません。どんなふうに考えたらいいか？　というプロセスの部分にスポットを当ててみました。汚部屋時代、人の考えに乗っかっているほうがラクだと思っていた私は、自分で考えることが大の苦手……。当時の私のように考えることに慣れていないと、正解のない片づけは苦痛です。そんな人に「こんなふうに考えるといいかもしれないよ」と、ヒントを提供できる本になっていたらうれしいです。

本書を読んだだけでは、残念ながら部屋の状態は変わりません。行動してはじめて変わります。ぜひ本を読むだけでなく、何か行動に移してみてください。長い間散らかって時が止まった状態の家でも、何かひとつでも

行動に移して続ければ変わるもの。そのときは小さな一歩でも、確実に昨日より前に進めます。何もしなければ毎日、昨日の状態が続くだけ。むしろ、どんどん悪化してしまうかもしれません。明日を変えられるのはその小さな一歩です。片づけに手遅れなんてありません。応援していますよ。

最後に、本書を上梓するにあたり、主婦の友社編集の宮川さま、ライターの神さまをはじめ、本書に携わってくださったみなさまには大変お世話になりました。ご尽力いただき、本当にありがとうございました。

そしてご協力いただいたお客様、いつも私を応援してくださるブログ、インスタグラムフォロワーのみなさまに心から感謝申し上げます。そして、出版にあたり写真提供の許可をくれた実家の家族、一番近くで私を支え続けてくれた主人にも、ありがとうと伝えたいと思います。

三吉まゆみ

三吉まゆみ

整理収納アドバイザー1級。夫と二人暮らし。面倒くさがりで片づけが苦手だった元汚部屋住人。自身が汚部屋出身とインスタグラムでカミングアウトしたところ、反響が大きく、「誰にも言えないくらい部屋が乱れて悩んでいる人を救いたい」と、汚部屋専門の整理収納アドバイザーとして起業した。オンラインでの片づけ相談や講座は「具体的でわかりやすい」と毎回好評。実体験をもとにした片づけの工夫やもの選びがインスタグラム、ブログで毎回多くの共感を集めている。

インスタグラム　**@miyo_344**
ブログ　**https://ameblo.jp/miyo-miyo-344/**

STAFF

アートディレクション	江原レン(mashroom design)
デザイン	森 紗登美(mashroom design)
編集	神 素子
DTP 制作	天満咲江(主婦の友社)
撮影	佐山裕子(主婦の友社)
編集担当	宮川知子(主婦の友社)

ずぼらな私《わたし》にもできる
汚部屋《おべや》脱出《だっしゅつ》モノ減《へ》らしトレーニング

2021年4月10日　第1刷発行

著者	三吉《みよし》まゆみ
発行者	平野健一
発行所	株式会社主婦の友社
	〒141-0021　東京都品川区上大崎3-1-1 目黒セントラルスクエア
	電話 03-5280-7537(編集)　03-5280-7551(販売)
印刷所	大日本印刷株式会社

■本書の内容に関するお問い合わせ、また、印刷・製本など製造上の不良がございましたら、
主婦の友社(電話 03-5280-7537)にご連絡ください。
■主婦の友社が発行する書籍・ムックのご注文は、お近くの書店か
主婦の友社コールセンター(電話 0120-916-892)まで。
＊お問い合わせ受付時間　月～金(祝日を除く)　9：30～17：30
主婦の友社ホームページ　https://shufunotomo.co.jp/